LA THÉRAPIE DE LA POLARITÉ

L'AUTOPOLARITÉ

Du même auteur

L'Anatomie énergétique et la Polarité, Éditions de Mortagne, 1999.

LA THÉRAPIE DE LA POLARITÉ

L'AUTOPOLARITÉ

Michelle Guay

ÉDITIONS DE MORTAGNE

Catalogage avant publication de Bibliothèque et Archives nationales du Québec et Bibliothèque et Archives Canada

Guay, Michelle

L'autopolarité : guide pratique pour équilibrer l'énergie vitale

2e éd.

ISBN 978-2-89074-710-4

1. Polarité (Thérapie). 2. Force vitale. 3. Médecine énergétique. 4. Thérapeutique par l'exercice. I. Titre.

RZ520.G82 2009 615.8'22 C2009-941129-6

Édition
Les Éditions de Mortagne
Case postale 116
Boucherville (Québec)
J4B 5E6

Distribution
Tél. : 450 641-2387
Téléc. : 450 655-6092
Courriel : info@editionsdemortagne.com

Dépôt légal
Bibliothèque et Archives Canada
Bibliothèque et Archives nationales du Québec
Bibliothèque Nationale de France

3e trimestre 1990

ISBN : 978-2-89074-710-4

Imprimé au Canada

Nous reconnaissons l'aide financière du gouvernement du Canada par l'entremise du Programme d'aide au développement de l'industrie de l'édition (PADIÉ) et celle du gouvernement du Québec par l'entremise de la Société de développement des entreprises culturelles (SODEC) pour nos activités d'édition. Gouvernement du Québec – Programme de crédit d'impôt pour l'édition de livres – Gestion SODEC.

Membre de l'Association nationale des éditeurs de livres (ANEL)

REMERCIEMENTS

Je tiens à remercier tous ceux et celles qui se sont trouvés sur ma route et qui m'ont encouragée au cours de la rédaction du présent ouvrage, tout spécialement:

- Mes professeurs Phil Aberman et Pierre Pannetier, qui m'ont fait découvrir la richesse de la polarité;
- Lucia Pelletier-Ratté, qui a été présente lors du processus de rédaction des textes et qui s'est chargée de leur relecture;
- Hervé Gauthier, mon conjoint, qui m'a accompagnée et aidée tout au long de cette aventure qu'est l'écriture d'un livre;
- Diane Drouin, pour les magnifiques illustrations qu'elle a créées.

TABLE DES MATIÈRES

AVANT-PROPOS

L'orientation du présent ouvrage a été influencée par l'œuvre du Dr Stone, par les enseignements que j'ai reçus de mes professeurs, dont M. Phil Aberman et M. Pierre Pannetier. À ces acquis s'ajoute mon expérience auprès de ma clientèle, ainsi que mes expériences d'enseignement et de recherche clinique exploratoire au fil des ans.

C'est une grande richesse de pouvoir se servir de nos mains pour nous aider à retrouver notre bien-être. Les bienfaits réels de la polarité et de l'autopolarité se situent à tous les niveaux de la personne: physique, psychoémotif et spirituel.

Ce livre a été conçu pour être utilisé dans votre vie de tous les jours: que ce soit en ce qui a trait aux exercices de respiration, aux exercices énergétiques, à l'autopolarité du système immunitaire, ou encore pour le soulagement de la douleur.

C'est facile, rapide et efficace. Mais pour cela, il faut le faire...

Bonne pratique!

NOTES DE L'AUTEUR

Le présent livre se veut un outil pour:

- maintenir l'état de santé d'une personne;
- prévenir la maladie;
- relâcher la douleur physique;
- améliorer la vitalité;
- s'harmoniser intérieurement avec la vie.

Ce livre ne fera pas de vous un thérapeute en polarité et ne constitue pas non plus une formation de base en polarité. Il ne remplacera jamais une expertise et un traitement médical, car la polarité en tant que thérapie ne peut en aucun cas servir à établir un diagnostic médical. Pour tout problème de santé, il est important de consulter des professionnels de la santé.

INTRODUCTION

«Le plus grand mystère dans l'univers se cache dans l'homme lui-même.»

Dr Randolf Stone, *Les postures faciles d'étirement* (v.f.), p. 10.

La thérapie de la polarité est un sujet vaste, complexe et simple en même temps. Son principe fondamental est relié au concept de l'énergie vitale: un feu qui anime toute matière. Selon ce principe, le corps physique est animé par un flux vital qui épouse la forme du corps. Nous appellerons ce flux le double énergétique.

La première condition nécessaire au maintien de la santé globale est la libre circulation de cette énergie dans l'organisme. Le fait de prendre conscience de cette énergie nous permet d'avoir une vision plus élargie des phénomènes reliés à la santé et à la maladie. On ne s'attardera donc plus uniquement au corps physique puisque la première étape d'un mal-être ou d'une maladie s'inscrit d'abord dans le corps énergétique.

La démarche que nous ferons en polarité consistera à harmoniser l'énergie vitale afin de prévenir la maladie ou de mettre en mouvement le processus d'autoguérison s'il y a un problème de santé. La thérapie de la polarité comprend cinq volets: les manipulations, les exercices respiratoires et énergétiques, l'alimentation, l'attitude mentale face à la vie et l'énergie de la pensée, et enfin l'amour qui correspond à une ouverture du cœur. En fait, cette approche énergétique est un système très élaboré de soins de la santé.

Je vais maintenant vous introduire dans cet univers en vous présentant une des facettes de la thérapie de la polarité, soit l'autopolarité. Pour ce faire, j'emprunterai quelquefois à la science actuelle son vocabulaire pour exprimer des analogies sur le plan de l'énergie subtile.

L'autopolarité constitue une partie importante de la prise en charge de la personne par elle-même. L'utilisation de l'autopolarité dans sa vie courante est un excellent moyen de participer activement au maintien ou à l'amélioration de sa santé. De plus, cette pratique permet d'accélérer le processus d'autoguérison.

L'autopolarité effectuée dans le but de renforcer son système immunitaire, la pratique des exercices énergétiques, l'utilisation de la position d'accroupissement pour améliorer sa vitalité, le fait de prendre conscience de sa respiration afin d'emmagasiner davantage de prana sont autant de moyens concrets qui favorisent le maintien de la santé. À ces moyens s'ajoutent l'amour de la vie, sa propre attitude mentale et ses habitudes de vie. Il est important de prendre conscience que ce que l'on vit et la façon dont on le vit vont influencer immédiatement notre énergie vitale.

Les outils que je vais vous présenter n'excluent pas la nécessité d'une expertise médicale lorsqu'il y a problème de santé. Cependant, il peut s'avérer très utile d'utiliser les techniques d'autopolarité et les sessions de polarité conjointement avec le suivi médical. Cette approche combinée permettra à l'ensemble de votre système d'acquérir plus de force et d'accélérer le processus de construction de la santé.

Le soulagement de la douleur par des moyens naturels, avec ou sans le secours de médicaments ou d'appareils quelconques, est très intéressant, mais il est formidable de savoir que NOS MAINS PEUVENT LE FAIRE SI ON SAIT COMMENT LES UTILISER.

Figure 1
Nos mains peuvent le faire si on sait comment les utiliser

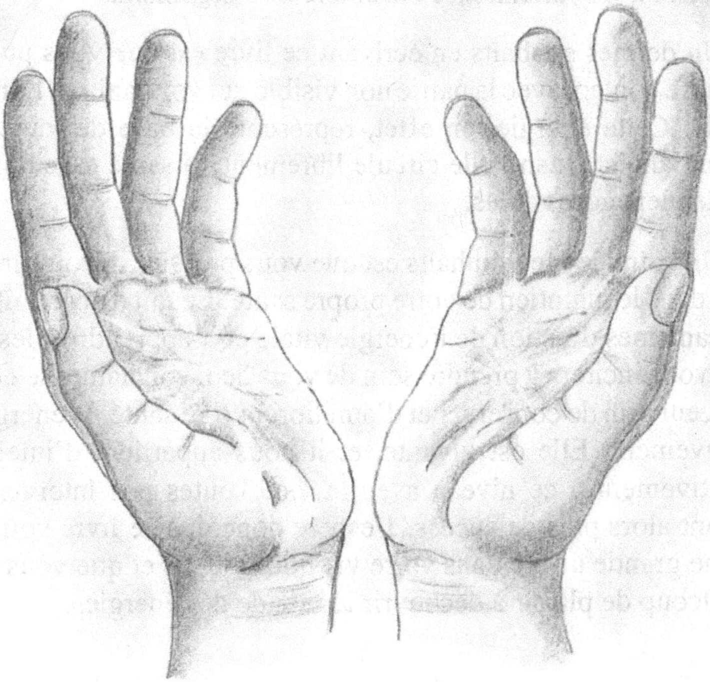

Ce livre constitue le premier volet d'une série portant sur la thérapie de la polarité. Il traite des aspects préventifs de la maladie ainsi que des techniques pour relâcher la douleur. Ces techniques ne remplacent pas l'intervention d'un thérapeute en polarité, car celui-ci est en mesure d'équilibrer et d'harmoniser chacun des systèmes: respiratoire, circulatoire, génito-urinaire, lymphatique, hépatique, gastro-intestinal, nerveux et endocrinien, selon les besoins spécifiques de chaque personne. De plus, le thérapeute peut harmoniser l'énergie vitale au niveau de la colonne vertébrale, de la structure et des articulations. À cela s'ajoutent les différentes polarités qui soutiennent l'ensemble de l'organisme.

Un de mes souhaits en écrivant ce livre est que vous puissiez prendre contact avec la partie non visible qui vous anime: l'énergie vitale. Cette énergie, en effet, représente la base de toutes nos potentialités. Quand elle circule librement, la santé et le bonheur deviennent accessibles.

Un autre de mes souhaits est que vous puissiez découvrir votre rôle dans le maintien de votre propre santé. Le fait de connaître les mécanismes d'action de l'énergie vitale et d'apprendre à les utiliser, vous incitera à prendre soin de vous de façon naturelle et avec douceur afin de conserver et d'améliorer votre santé. L'énergie est mouvement. Elle est vivante, et il nous appartient d'intervenir positivement à ce niveau avec la vie. Toutes nos interventions auront alors plus de succès. J'espère donc que ce livre vous sera d'une grande utilité dans votre vie quotidienne et que vous aurez beaucoup de plaisir à découvrir le monde des énergies.

Tableau 1
SYNTHÈSE DE LA THÉRAPIE DE LA POLARITÉ

AVEC UN THÉRAPEUTE	• SESSION COMPLÈTE DE POLARITÉ • ÉDUCATION À L'AUTOPOLARITÉ • OUVERTURE DU CŒUR • ACCOMPAGNEMENT DANS LA DÉMARCHE PERSONNELLE
LORS D'UN TRAVAIL INDIVIDUEL	• MANIPULATIONS D'AUTOPOLARITÉ • RESPIRATION • EXERCICES ÉNERGÉTIQUES • ALIMENTATION SAINE ET VIVANTE • ÉNERGIE DE LA PENSÉE CRÉATRICE UTILISÉE DANS UNE PERSPECTIVE DE VIE • ATTITUDE MENTALE • OUVERTURE DU CŒUR

Chapitre I
LA THÉRAPIE DE LA POLARITÉ

«L'attention se dirige à "l'habitant" dans le
corps: l'âme ou le noyau, dans sa relation
avec la forme et dans sa relation
avec la nature et l'univers.»

Dr Randolf Stone, L1 (v.f) p. 1.

LA THÉRAPIE DE LA POLARITÉ

La thérapie de la polarité, telle qu'elle a été mise au point par le Dr Randolf Stone, est l'art et la science de l'harmonisation de l'énergie vitale dans l'organisme humain. Elle constitue une synthèse de trois médecines traditionnelles: chinoise, égyptienne et ayurvédique.[1]

La polarité est une approche énergétique et holistique qui fait partie des approches douces de la santé. Elle touche l'être dans sa globalité: le physique, l'émotif, le mental et le spirituel. Elle rend possible l'ouverture à l'exploration de soi et à la prise de contact avec l'essence de son être. Les bienfaits de cette approche sont inestimables sur tous les plans.

UN BRIN D'HISTOIRE

Le Dr Randolf Stone est né en Autriche le 26 février 1890 et il a émigré avec ses parents aux États-Unis en 1903. Son désir d'aider l'humanité et son intérêt pour les méthodes naturelles de guérison ont marqué toute sa vie. C'était un homme de cœur, enthousiaste,

1. *Ayurvédique* vient du sanscrit Ayur-Véda qui signifie science de la vie humaine. Les Védas sont d'anciens textes sacrés de l'Inde.

simple et sans prétention, un amoureux de la nature et de la vie. Diplômé en 1914 en ostéopathie, en chiropractie, en naturopathie et en neurophathie, il a ensuite poursuivi des études postgraduées et il a fait de nombreuses recherches cliniques. Son intérêt pour comprendre le pourquoi des récidives ou des déplacements de problème a été la source de questionnements qui ont soutenu tout le processus de sa recherche. Sa plus grande découverte aura été d'établir que la cause des problèmes physiques et psychiques résidait toujours dans le champ d'énergie, les symptômes et les douleurs constituant simplement un effet ressenti et observable dans le corps physique.

Toutes les approches qu'il utilisait avec ses clients, même si elles étaient très bonnes, ne le satisfaisaient jamais complètement. Il ne retrouvait pas dans ces techniques de guérison le concept d'énergie vitale qui anime le corps.

Ses recherches constantes l'ont amené à voyager. Il étudia les médecines traditionnelles dans leur lieu d'origine. Soulignons que sa démarche sur le plan de la santé était intimement liée à une autre démarche, celle-là d'évolution spirituelle: il essayait en effet de comprendre les Mystères de la Vie.

En 1945, il trouva une Voie qui répondait entièrement à tout son questionnement. Il fut initié et c'est à partir de ce moment qu'il a développé et appliqué la thérapie de la polarité, thérapie basée sur l'énergie vitale, ce fluide qui anime le corps. Ses recherches personnelles dans le domaine de la guérison, la méditation et l'influence d'un Maître spirituel ont été des facteurs clés dans le développement de la thérapie de la polarité. Il retourna en Inde, à l'âge de 83 ans, pour méditer jusqu'à la fin de sa vie. Il est décédé le 9 décembre 1981 à l'âge de 91 ans.[1]

1. La majeure partie de ces informations sont tirées du livre *Polarity Therapy,* Dr Randolf Stone, vol. 2, section Brief Biography of Randolf Stone, Ed. CRCS Publications, p. 233-237.

TOUT, DANS LA VIE, EST POLARITÉ

Avez-vous remarqué que tout, dans la vie, est polarité: le jour et la nuit, le haut et le bas, l'été et l'hiver, la joie et la tristesse, la richesse et la pauvreté, la santé et la maladie, la vie et la mort? En fait, la polarité est la loi des contraires, dans leur mouvement d'attraction et de répulsion. Or, pour qu'il y ait mouvement de vie, il est essentiel que les forces centrifuges et centripètes soient actives. Ce même principe s'applique également à l'être humain. L'homme est doté d'une énergie vitale qui l'anime et cette énergie circule d'un pôle à l'autre en passant par le pôle neutre.

LE PRINCIPE EST SIMPLE

Lorsque le corps énergétique est dépolarisé, le flux vital est perturbé. La personne se trouve alors en état de perte d'énergie et les malaises, la douleur ou les problèmes de santé font surface. C'est à partir de ce concept de base que le Dr Stone a développé sa thérapie de la polarité. Cette thérapie consiste à mettre l'énergie vitale en mouvement dans le corps, de façon qu'elle puisse circuler librement. Ce travail s'effectue par des contacts très doux sur les différents pôles: négatif, neutre et positif.

L'HOMME ET L'UNIVERS

Le système de la polarité soutient qu'en plus du monde matériel que nous percevons, il existe une infinité d'énergies universelles, chacune possédant son propre champ électromagnétique. L'homme fait partie de l'univers en tant que représentant du macrocosme. Il est en relation avec tout le système qui régit la vie sur la terre et dans l'univers: les saisons, les marées, les planètes, etc. L'homme agit comme une antenne entre le ciel et la terre, il est un lieu de passage. Du point de vue de la polarité, il représente le pôle neutre; le ciel étant le pôle positif et la terre, le pôle négatif.

Figure 2
L'homme antenne

«Toutes les forces de l'humain doivent être constamment en relation d'échange avec les forces universelles pour vivre.»

Dr Randolf Stone, *Les postures faciles d'étirement* (v.f.), p. 31.

Deux éléments ressortent du dessin ci-dessus: d'une part, la libre circulation de l'énergie à l'intérieur du système humain et, d'autre part, son bon alignement par rapport aux énergies telluriques et cosmiques. Ces deux facteurs permettent à l'énergie d'entrer librement dans l'organisme et d'en ressortir tout aussi librement, en lui donnant la possibilité de se nourrir sur le plan énergétique et de se régénérer sur le plan physique.

LE CONCEPT DE L'ÉNERGIE VITALE

Parler d'énergie, c'est parler d'une belle histoire d'amour, d'amour de la vie. C'est à la fois simple et complexe: l'énergie contient la conscience, la connaissance et les éléments cosmiques qui forment l'aspect subtil de la matière. C'est avec beaucoup d'humilité que j'aborde ce concept de l'énergie, car il est difficile de le transmettre par des mots, ceux-ci encadrant et limitant forcément le sujet. Je vais quand même mentionner quelques notions de base qui vous aideront à mieux saisir ce concept.

Tout d'abord, il faut préciser que l'origine de tout ce qui existe et de tout ce qui compose la vie est ÉNERGIE. J'aimerais, à ce propos, vous citer les paroles d'un grand alchimiste, Jacques Thibeau, qui décrit ainsi l'énergie:[1]

> *Cette énergie est typiquement le «FEU» des alchimistes, toujours caché, toujours à l'œuvre, premier mobile de TOUT. Ce FEU caché se rend visible par les manifestations successives qu'il imprime à la matière originelle. Ces manifestations étant la séparation du subtil et de l'épais, le subtil donnant toutes les apparences lumineuses, et l'épais donnant toutes les apparences du sensible et du matériel.*

La résultante du premier mouvement du FEU a été appelée par certains la lumière originelle. Cette lumière émet des vibrations et la condensation de ces vibrations forme l'aspect palpable et sensible de la matière. Ce qui n'est pas condensé ou congelé, comme diraient les alchimistes, constitue l'autre aspect dit subtil. Le mouvement continu de l'énergie maintient la vie dans la matière.

---

1. Entrevue réalisée avec Jacques Thibeau, le 25 janvier 1990, à Québec.

Figure 3
L'énergie et son mouvement

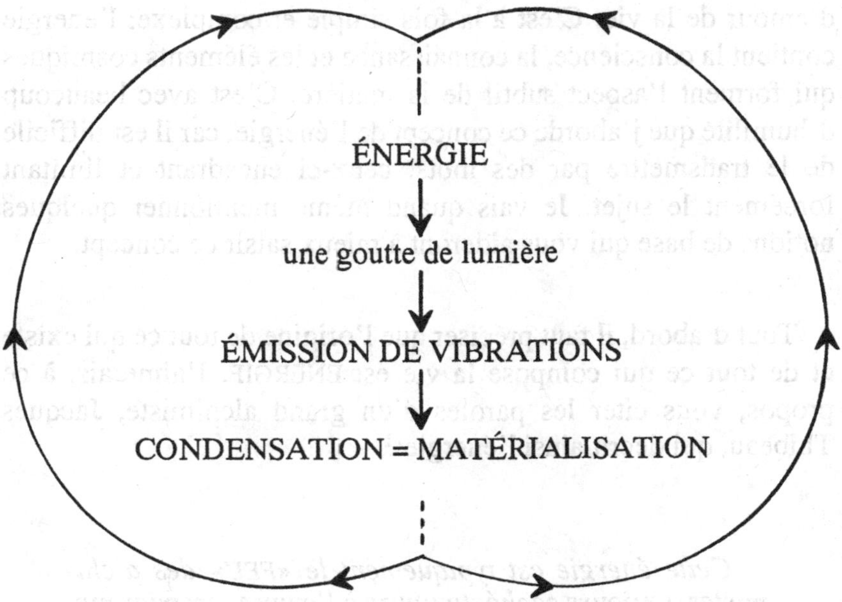

«L'âme représente une goutte d'eau dans l'océan de l'Esprit».
Dr Randolf Stone, vol. 2 (v.f.), p. 5.

LES BASES DE LA THÉRAPIE DE LA POLARITÉ

La thérapie de la polarité s'appuie davantage sur la médecine ayurvédique et égyptienne que chinoise. Les concepts de base relatif au travail avec les éléments et les chakras ont été tirés de la médecine ayurvédique. De la médecine égyptienne, on a retenu la relation de polarité qui existe entre la symétrie des formes dans le corps sur le plan de l'énergie.

EXEMPLE DE SYMÉTRIE DES FORMES DANS LE CORPS: DEUX TRIANGLES

Figure 4
Occiput et sacrum

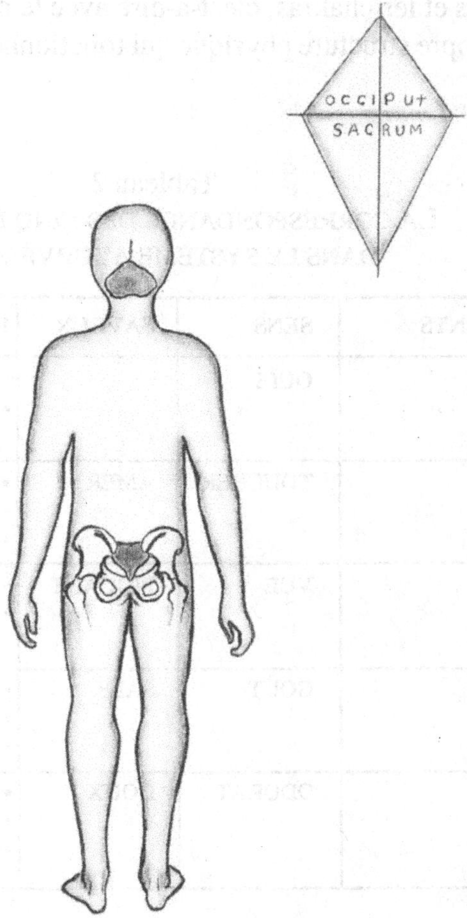

Selon l'ancienne science des Védas, il existe cinq modes de manifestation de la matière. Ce sont le solide pour la terre; le liquide pour l'eau; le gaz pour l'air; l'énergie calorique pour le feu; et l'éther. Chacun de ces modes, appelé éléments ou tattwa, vibre

à des niveaux différents, en émettant une sonorité spécifique. L'être humain est composé de ces cinq éléments et ceux-ci sont alimentés par les sept principaux centres de réception et de transformation du flux énergétique: les chakras. L'ensemble du travail d'harmonisation de l'énergie vitale se fait en relation avec les éléments et les chakras, c'est-à-dire avec le duplicata énergétique de sa propre structure physique qui fonctionne en tant que système intégré.

Tableau 2
LA CORRESPONDANCE DES CINQ ÉLÉMENTS DANS LE SYSTÈME AYURVÉDIQUE[1]

ÉLÉMENTS	SENS	SAVEUR	PARTIES DU CORPS
ÉTHER	OUÏE		• ARTICULATIONS • COLONNE VERTÉBRALE
AIR	TOUCHER	AMER	• ÉPAULES • REINS • CHEVILLES
FEU	VUE	PIQUANT	• TÊTE • PLEXUS SOLAIRE • CUISSES
EAU	GOÛT	SALÉ	• POITRINE • ORGANES GÉNITAUX • PIEDS
TERRE	ODORAT	DOUX	• COU • INTESTINS • GENOUX

1. Ces thèmes seront développés dans le prochain livre (en relation avec l'harmonisation de l'énergie vitale dans le système de la polarité).

Tableau 3
CORRESPONDANCE DES SEPT PRINCIPAUX CHAKRAS DANS LE SYSTÈME AYURVÉDIQUE[1]

CHAKRAS PLEXUS	GLANDES	ÉLÉMENTS	COULEURS	SONS
COCCYGIEN	SURRÉNALES	TERRE	ROUGE	LAM
SACRÉ	GLANDES SEXUELLES	EAU	ORANGE	VAM
SOLAIRE	RATE PANCRÉAS	FEU	JAUNE	RAM
CARDIAQUE	THYMUS	AIR	VERT	YAM
THYROÏDIEN	THYROÏDE	ÉTHER	BLEU	HAM
TROISIÈME ŒIL	HYPOPHYSE		POURPRE	AUM
COURONNE	PINÉALE		VIOLET	OM

LES TROIS CORPS

La structure énergétique du corps humain comporte trois plans majeurs correspondant à divers niveaux de conscience. Ces plans sont en relation avec les trois principaux chakras: le chakra sexuel, le chakra cardiaque et le troisième œil.

1. Ces thèmes seront développés dans le prochain livre (en relation avec l'harmonisation de l'énergie vitale dans le système de la polarité).

Selon le Vedãnta, nous possèdons trois corps: physique, astral et causal. Le corps physique est visible et dense. La partie visible est formée de deux gaines dont l'une appartient au corps astral: c'est le double éthéré ou corps éthérique.

Figure 5
Radiance des trois corps

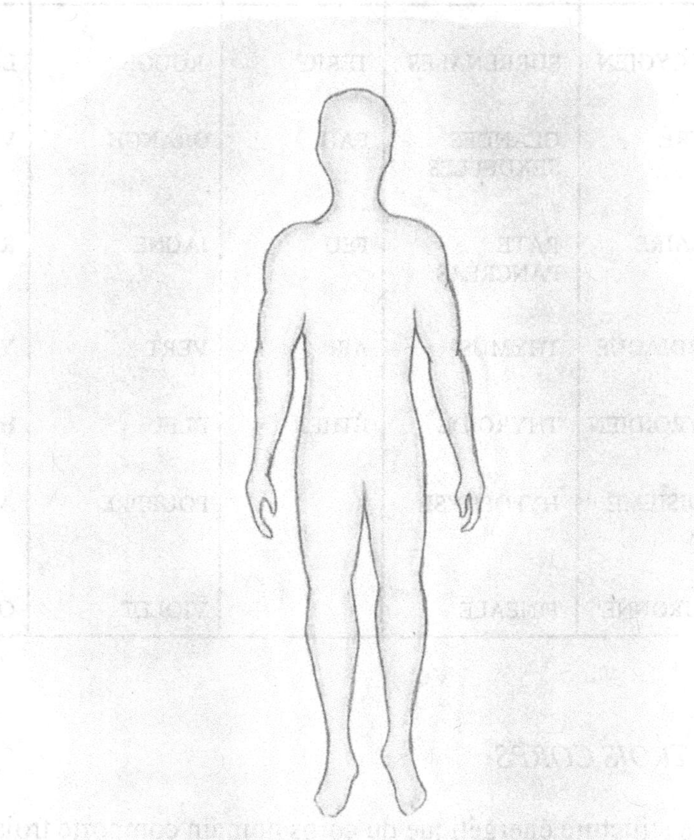

Le corps éthérique fait le lien avec le corps astral qui, lui, fait référence à tout l'univers émotionnel. C'est avec le corps astral que nous prenons contact avec les expériences de la douleur et du plaisir. Ce corps possède trois gaines: vitale, mentale et intellectuelle. Enfin, le corps causal a pour fonction d'assurer le bonheur de l'être et il possède une seule gaine, celle de la béatitude.

VOIR L'ÉNERGIE...

Est-il possible de voir l'énergie vitale? De la sentir? Kirlian a développé un procédé qui permet de photographier à haute fréquence une partie de l'énergie appelée le champ électromagnétique. On peut ainsi voir certaines forces et faiblesses inscrites dans le corps énergétique.

Certaines personnes peuvent voir directement l'énergie ou la radiance du corps: c'est ce qu'on appelle la lecture de l'aura. Selon son état de santé ou son état émotionnel, l'aura sera modifiée et sa densité, sa forme et sa couleur seront changées. Il existe plusieurs techniques pour apprendre à voir l'aura.

Dans le travail que l'on fait en polarité, il n'est pas nécessaire de voir l'aura, mais on peut cependant arriver à percevoir l'énergie dans ses mains. L'exercice suivant vous permettra d'en faire l'expérience tout en concrétisant mon propos.

LA PERCEPTION DE L'ÉNERGIE DANS LES MAINS

Asseyez-vous confortablement.
Détendez vos épaules et respirez doucement.
Fermez les yeux et centrez-vous.
Quand vous êtes prêt, frottez vos mains l'une contre l'autre.
Écartez-les ensuite tout doucement et très lentement.
Rapprochez-les maintenant très lentement.
Gardez les yeux fermés et soyez attentif à ce qui se passe dans et entre vos mains.
Ne faites rien, soyez à l'écoute de vos mains.
Il est très important d'être disponible, de ne pas vouloir sentir quelque chose de particulier parce que vouloir fait appel au mental, alors que l'exercice se situe au niveau perceptuel.
Ces deux actions ne peuvent se vivre simultanément.

Figure 6
Perception de l'énergie dans vos mains

Les diverses sensations expérimentées lors de cet exercice correspondent à l'énergie qui circule dans vos mains à ce moment précis. Vous pouvez également explorer les frontières de vos deux premiers corps: à un pouce et demi se trouve le corps éthérique et à trois ou quatre pouces, le corps astral ou émotionnel.

Vous pouvez refaire cet exercice avec une autre personne, en plaçant vos mains de chaque côté de l'une des siennes. Approchez puis éloignez ensuite vos deux mains lentement. Lorsque vous aurez terminé, vous pourrez échanger sur ce que vous avez perçu l'un et l'autre dans cet exercice.

Figure 7
Perception de l'énergie des mains d'une autre personne

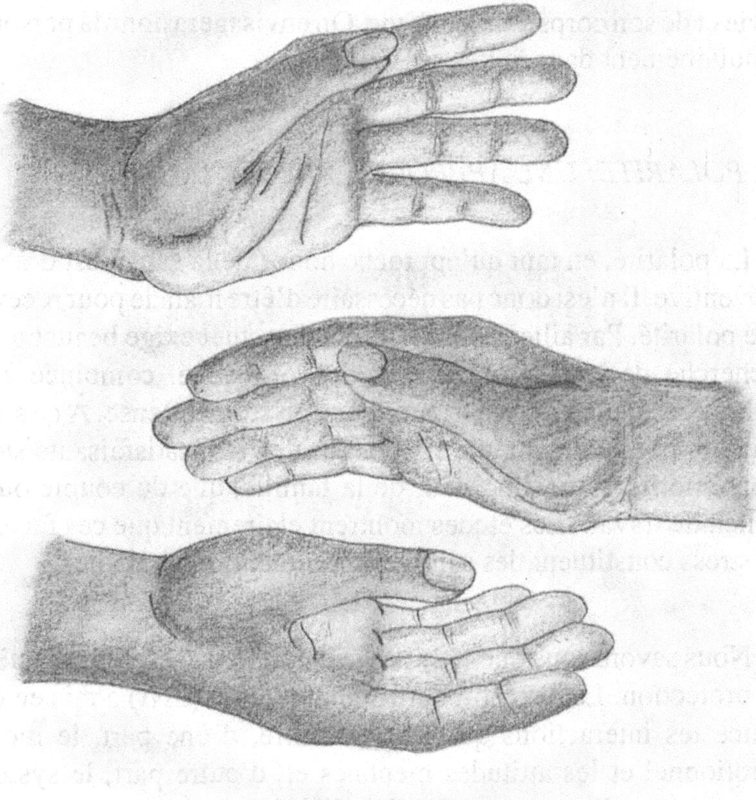

LA POLARITÉ: UNE APPROCHE ÉNERGÉTIQUE ET HOLISTIQUE

Le travail énergétique effectué dans cette approche touche à toutes les dimensions de la personne, c'est-à-dire les niveaux physique, émotif, mental et spirituel. Selon la théorie de la polarité, tous les niveaux de l'être humain doivent être en équilibre. En principe, ces niveaux ne peuvent être séparés, car ils sont des manifestations différentes de la même énergie. Dans les faits toutefois, lorsqu'on touche à l'énergie vitale d'une personne, on touche à toute son histoire personnelle ainsi qu'à sa conscience de la vie et de son corps dans cette vie. On envisagera donc la personne simultanément dans toutes ses réalités.

LA POLARITÉ: UNE APPROCHE PRÉVENTIVE

La polarité, en tant qu'approche douce de la santé, est d'abord préventive. Il n'est donc pas nécessaire d'être malade pour recevoir une polarité. Par ailleurs, le mode de vie actuel exige beaucoup: la recherche de la performance et de l'efficacité, combinée à un rythme accéléré d'activités, provoque un stress intense. À ce stress s'ajoute fréquemment une expérience de vie insatisfaisante sur le plan émotif, tant à l'intérieur de la famille, que du couple ou du milieu de travail. Les études montrent clairement que ces facteurs de stress constituent des sources importantes de maladies.

Nous savons tous que le système immunitaire est notre système de protection. La psycho-neuro-immunologie (PNI) a mis en évidence les interactions qui existent entre, d'une part, le monde émotionnel et les attitudes mentales et, d'autre part, le système immunitaire. Pour cerner la globalité de ces interactions sur le système immunitaire, il est nécessaire de mentionner les facteurs héréditaire et environnemental. Au point de vue de l'énergie, cela correspond au continuum suivant.

Tableau 4
SCHÉMATISATION D'UN PROCESSUS MENANT À LA MALADIE

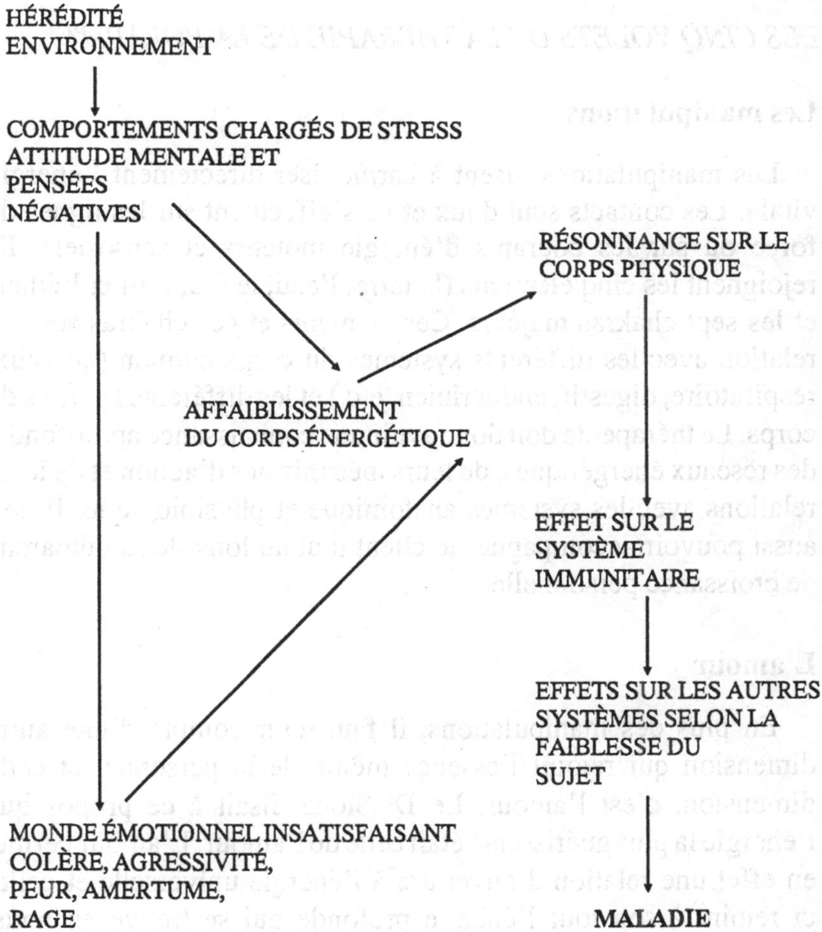

Il est essentiel de se ménager un temps d'arrêt où l'on prend soin de soi. Une démarche en polarité aide la personne à se sentir mieux dans sa peau, créant ainsi des conditions favorables à la modification des attitudes et des comportements négatifs.

Lorsque surgissent des problèmes de santé, la polarité met en mouvement le processus d'autoguérison en rétablissant le rythme de l'énergie, en l'équilibrant et en l'harmonisant. Cette action aura donc un effet direct sur la régulation interne de l'organisme.

LES CINQ VOLETS DE LA THÉRAPIE DE LA POLARITÉ

Les manipulations

Les manipulations visent à harmoniser directement l'énergie vitale. Les contacts sont doux et ils s'effectuent sur les lignes de force ou sur les courants d'énergie moteurs et sensoriels. Ils rejoignent les cinq éléments (la terre, l'eau, le feu, l'air et l'éther) et les sept chakras majeurs. Ces éléments et ces chakras sont en relation avec les différents systèmes du corps humain (nerveux, respiratoire, digestif, endocrinien, etc.) et les différentes parties du corps. Le thérapeute doit donc avoir une connaissance approfondie des réseaux énergétiques, de leurs mécanismes d'action et de leurs relations avec les systèmes anatomique et physiologique. Il doit aussi pouvoir accompagner le client tout au long de sa démarche de croissance personnelle.

L'amour

En plus des manipulations, il faut tenir compte d'une autre dimension qui rejoint l'essence même de la personne, et cette dimension, c'est l'amour. Le Dr Stone disait à ce propos que l'énergie la plus guérissante était celle de l'amour. L'amour permet en effet une relation d'ouverture à l'énergie universelle et celle-ci rejoint à son tour l'énergie profonde qui se trouve en nous. L'amour est un chemin d'évolution, d'ouverture et de compréhension du monde et de la vie. L'amour s'exprime partout autour de nous: dans la nature qui s'éveille chaque printemps, dans le soleil qui brille, dans le vent qui souffle, dans les papillons qui dansent pour nous, dans les colibris qui butinent dans les fleurs, dans un sourire, dans un regard qui brille.

L'amour de la vie devrait donc constituer le préalable à toute action. Sentir et goûter l'abondance de la vie, même si on n'a rien, même si on a de la peine, même si on vit des situations difficiles, représente une attitude permettant de se nourrir intérieurement et de ne pas se sentir seul parce qu'on se sent aimé de la grande Vie.

L'attitude mentale et l'énergie de la pensée

Une attitude qui rend hommage à la vie magnifique nourrit le cœur. Le fait d'avoir une vision positive de la vie constitue en effet une clé importante de bonheur et de santé. Il faut donc pouvoir discerner la facette qui est vivante dans une situation ou un événement.

Il faut aussi pouvoir s'abandonner à la vie plutôt que de vouloir la maîtriser. Pour parvenir à cette vision des choses, il est primordial d'être à l'écoute de soi-même, de s'aimer et de répondre à ses besoins en accord avec la vie.

À cette attitude s'ajoute l'énergie de la pensée, qui est la forme la plus subtile de la matière. Le processus de la pensée fait appel à une énergie fabuleuse dont nous sommes responsables. La pensée crée: vous êtes ce que vous croyez être.

Vos pensées ont également un effet sur vous et sur les autres. Les courants d'énergie de la pensée sont loin d'être individualisés. En effet, nous subissons continuellement diverses influences, et nous captons alors les énergies qui se trouvent sur les mêmes fréquences vibratoires que nous. Le fait d'adresser des pensées d'amour et de tolérance à soi-même et aux autres est le grand secret du bien-être.

Les exercices énergétiques

Les exercices énergétiques et les positions d'étirement constituent un autre volet de la thérapie de la polarité. Ils augmentent la vitalité en améliorant la circulation sanguine, en conservant l'élasticité des muscles, la mobilité des articulations et la souplesse de la colonne vertébrale.

L'alimentation

L'alimentation est une des bases fondamentales de la santé. Ce que l'on ingurgite comme nourriture solide ou liquide permet à l'organisme de fonctionner. C'est d'ailleurs dans les aliments que l'on peut capter une partie importante de l'énergie vitale nécessaire à la santé. Voilà pourquoi il importe d'avoir une alimentation saine et vivante. Les aliments vivants possèdent leur propre champ électromagnétique en relation avec les cinq éléments. Mais l'alimentation, ce n'est pas seulement ce que l'on mange. C'est aussi la façon dont on mange et l'état dans lequel on se trouve quand on se nourrit. Il n'y a pas de règle stricte quant au choix des aliments. Cela varie d'une personne à l'autre. Ce qui compte avant tout, c'est d'être à l'écoute de son corps. Adopter une attitude joyeuse, apprécier ce que l'on mange, prendre le temps de manger, manger lentement en mastiquant bien, ne pas surcharger son estomac constituent autant de façons de capter l'énergie des aliments et de permettre au système digestif d'accomplir adéquatement ses fonctions physiologiques.

Chapitre 2
LA PRATIQUE DE LA POLARITÉ

«L'emphase se place sur la libération des forces individuelles de l'âme, par l'enlèvement des blocages d'énergie, peu importe à quelle nature ils appartiennent.»

Dr Randolf Stone, vol. 2 (v.f.), p. 7.

LA PRATIQUE DE LA POLARITÉ

UNE SÉANCE DE POLARITÉ

Les séances de polarité se déroulent généralement dans un endroit calme, propre et bien aéré, baigné de musique douce si on le désire. Le travail se fait de préférence sur une table, car c'est plus facile ainsi. On peut également faire coucher le client sur le sol, mais le donneur devra avoir le souci de garder son dos droit. Pour ce faire, il placera un coussin sous ses fesses. On s'assurera que le client se trouve dans une position confortable et qu'il n'a pas froid avant ou en cours de traitement. Il est suggéré de porter des vêtements amples faits de fibres naturelles parce qu'ils permettent une meilleure circulation de l'énergie. On veillera également à enlever ceinture, bijoux, montres ou accessoires de métal, car ce sont des capteurs d'énergie qui interrompent le passage de l'énergie vitale.

LE THÉRAPEUTE

Le thérapeute doit se sentir prêt, disponible et bien centré. Pour atteindre cet état, il devrait pratiquer régulièrement des exercices lui permettant de se centrer, de même que des exercices énergétiques et de la méditation. Il devrait aussi garder un contact avec la nature, se nourrir intérieurement, faire des activités qu'il aime et poursuivre un travail personnel d'ouverture de la conscience.

Pendant une séance de polarité, le thérapeute devient l'instrument de la vie. Son rôle est de permettre à l'énergie vitale de passer d'un pôle à un autre. Il est un lieu de passage et, comme tel, il doit être bien aligné avec les énergies cosmiques et telluriques. La notion de détachement du résultat est fondamentale. En effet, lorsque l'accent est mis sur le résultat du travail, la capacité, pour l'intervenant, d'être un instrument de passage devient perturbée parce que celui-ci est trop relié à la performance. L'énergie de l'amour ne peut plus passer librement, tout simplement parce que le thérapeute veut intervenir dans le processus. Il ne faut rien provoquer, il faut laisser faire la vie. ON NE PEUT GUÉRIR PERSONNE, C'EST LA PERSONNE ELLE-MÊME QUI SE GUÉRIT. Le thérapeute ne sert que d'aide ponctuelle. Le détachement est peut-être l'apprentissage le plus diffficile à acquérir. Tout, dans notre éducation et dans notre formation nous a enseigné le contraire. L'abandon et la confiance dans la vie en sont les piliers, tout comme le fait de vivre ICI et MAINTENANT.

En aucun cas, le thérapeute ne donne son énergie à la personne. Le thérapeute est centré, il se place en rapport avec la vie, belle, lumineuse, là où l'harmonie et la santé existent. Le travail du thérapeute sera donc orienté vers l'harmonie et la santé plutôt que vers la maladie, ce qui lui procurera une grande force et une grande lumière. Cet état d'esprit est essentiel parce que le but de l'intervention est de donner davantage de force aux éléments sains de la personne. Le thérapeute sera donc constamment en état de bien-être, c'est- à-dire qu'il reste en forme tout au long de l'intervention.

Si le thérapeute est épuisé, c'est qu'il n'a pas laissé la force vitale faire le travail pour lui. Il s'est trop investi personnellement, soit par insécurité, soit parce qu'il voulait trop pour le client, soit parce qu'il était orienté vers le problème, soit encore parce qu'il était décentré.

Dans ce type de travail, il n'y a pas de place pour la performance ou pour la peur. Le thérapeute se doit d'être là, entièrement présent, et il doit laisser le flux vital faire son œuvre. Le respect de la personne, de même qu'une grande délicatesse de cœur, sont des qualités essentielles pour qui veut effectuer ce travail. C'est comme si vos mains étaient votre cœur, et que votre cœur touchait le cœur de l'autre. C'est selon cette conscience que doit s'effectuer un bon travail en polarité.

En plus de posséder une connaissance approfondie en polarité et de faire preuve de dextérité, le thérapeute doit aussi être capable de s'abandonner, de laisser faire, d'écouter la vie avec une ouverture du cœur dans le toucher.

Figure 8
Séance de polarité

LES BIENFAITS DE LA POLARITÉ

Les bienfaits retirés d'une séance de polarité sont variés et ils dépendent des besoins de la personne. De façon générale, le client ressentira, au cours de la séance, une grande détente associée à un sentiment de paix intérieur. Au point de vue de ses expériences personnelles, l'effet des séances de polarité est lié à ce que la personne est prête à voir, à assumer ou à transformer. Les bienfaits les plus manifestes se feront souvent sentir de 24 à 48 heures après une séance complète de polarité. Lorsque l'énergie vitale est harmonisée et équilibrée, il devient en effet beaucoup plus facile de modifier ce qui perturbe notre vie et notre santé.

De façon plus spécifique, le mouvement énergétique qui est activé aidera à augmenter la vitalité, la flexibilité dans le mouvement, la concentration, le calme, la créativité, la capacité de jouir de la vie et la sensation d'être davantage dans son corps, d'être unifié. De plus, le rétablissement de l'énergie permettra de régulariser les différents systèmes et de relâcher la douleur au besoin. En résumé, une séance de polarité met en mouvement le processus d'autoguérison de la personne. La polarité constitue un mode d'accompagnement merveilleux pour tous: enfants, adultes, personnes âgées, avec ou sans problème de santé.

Les séances de polarité sont importantes tant dans le processus de la prévention que dans celui de l'autoguérison. Parallèlement à ces séances, il est essentiel d'aider la personne à prendre les moyens nécessaires pour conserver et améliorer sa santé. Dans cette perspective, connaître les applications de l'autopolarité, faire quotidiennement ses exercices énergétiques, bien respirer, avoir une alimentation saine et vivante et adopter une attitude positive face à la vie sont autant d'éléments fondamentaux dans ce processus.

Chapitre 3
LA SANTÉ ET L'AUTONOMIE

«L'homme possède tous ces courants d'énergie en lui-même, ainsi il peut s'aider lui-même quand il est malade ou il peut conserver sa santé, s'il sait comment utiliser et mouvoir les courants d'énergie.»

Dr Randolf Stone, vol.1 (v.f.), p.11.

LA SANTÉ ET L'AUTONOMIE

Notre santé, comme notre guérison, est en grande partie sous notre responsabilité. Cette assertion est relativement nouvelle dans le contexte social actuel. La santé, c'est un cadeau de la vie et les questions que nous devons nous poser sont les suivantes: «Quel soin prenons-nous de notre cadeau, la santé? Est-ce une valeur importante pour nous?» Souvent, nous commençons à nous intéresser à notre santé lorsqu'elle nous fait faux bond. Notre réflexe premier est alors de nous remettre entre les mains d'un spécialiste qui règlera nos problèmes ou encore de recourir à la pharmacopée actuelle, avec ses petites pilules magiques. Beaucoup d'espoir ont été déçus par cette approche. Bien sûr, la médecine moderne fait des choses magnifiques et elle a sauvé de nombreuses vies, mais elle ne règle pas tout, car cela n'est pas possible. On commence tout juste à accepter, en tant que société et individu, le fait que l'on puisse agir pour conserver ou améliorer sa santé. Cette attitude est le préalable de la prise en charge de sa santé: savoir que nous pouvons agir tout au long du processus de guérison, et que notre rôle est fondamental. C'est la première clé. Les premières questions qu'il faut alors se poser sont: «Qu'est-ce qui a perturbé ma santé? Où et comment suis-je devenu malade?» Il est important de savoir que le processus de la maladie s'est échelonné sur plusieurs années avant de se manifester et qu'il nous faut faire le chemin inverse pour retrouver la santé.

L'autre question à se poser est la suivante: « Qu'est-ce que je peux faire pour recouvrer ma santé?» Cette interrogation nous amène à la deuxième clé qui consiste à connaître les lois de l'énergie et les plans sur lesquels on peut intervenir. Ces plans sont l'énergie de la pensée, l'attitude mentale, les comportements, l'alimentation et le rythme de vie.

La question fondamentale demeure cependant celle qui a trait à l'amour: l'amour de soi et des autres. « Est-ce qu'on s'aime assez pour décider de prendre soin de soi, d'être doux envers soi-même?» Il faut savoir que la maladie est d'abord une détérioration de l'énergie vitale, un arrêt dans son flux continu. C'est comme si la vie ne pouvait plus vivre. Les causes de cet état peuvent être multiples. C'est à nous d'essayer de les découvrir.

Il est maintenant temps de vous présenter la troisième clé: celle qui concerne la décision de regarder sa vie, la façon dont on la vit et ce qu'on est prêt à y changer. Il faut prendre conscience de ce qui nous a dérangé et de ce qui nous dérange encore: nos peines non vécues, nos réponses à la souffrance, les compromis que nous avons faits, nos peurs, notre vie que nous n'avons pas pu vivre, etc. Pour retrouver l'autonomie, il faut aller aux sources du problème, c'est-à-dire trouver ce qui a créé le problème. Tant et aussi longtemps que les causes resteront actives au niveau de l'énergie, on ne fera que ralentir le processus. On pourra faire disparaître momentanément le problème, mais il pourra redevenir actif ultérieurement ou encore il pourra se déplacer.

En conclusion, il est magnifique de savoir que nous avons un rôle prépondérant à jouer, tant dans le maintien de la santé que dans son processus de retour. Tous les appuis extérieurs sont importants, mais le plus important sera notre détermination ou notre motivation à modifier ce qui perturbe notre vie afin de pouvoir accéder à une expression joyeuse de cette Vie. Aucune personne ni aucun instrument ne peut faire cela à notre place.

Tableau 5
SANTÉ ET AUTONOMIE: TROIS CLÉS

TROIS CLÉS
1– SAVOIR QUE L'ON PEUT AGIR TOUT AU LONG DU PROCESSUS DE GUÉRISON.
2– CONNAÎTRE LES LOIS DE L'ÉNERGIE ET LES PLANS SUR LESQUELS ON PEUT INTERVENIR.
3– PRENDRE LA DÉCISION DE REGARDER SA VIE ET DE MODIFIER CE QUI NOUS PERTURBE, C'EST-À-DIRE REMONTER AUX CAUSES.

Chapitre 4
RESPIRER, C'EST VIVRE

«Les énergies subtiles constituent la respiration vitale du corps...»

Dr Randolf Stone, vol. 1 (v.f.), p. 1.

RESPIRER, C'EST VIVRE

La première action autonome de vie chez l'être humain est la respiration. Elle régit tout, elle permet le mouvement continu du maintien de la vie en dehors du sein de la mère. Ce mouvement est le même que celui de l'univers et il constitue le lien entre la personne et cet univers. On peut comparer ce mouvement à une vague où le flux et le reflux se font alternativement: c'est le principe des forces centrifuge et centripète.

On ne peut pas vivre sans respirer. L'amplitude et le rythme de notre respiration sont des indications du degré de vie que nous atteignons. Souvent, sans nous en rendre compte, nous vivons en respirant au minimum. Notre rythme respiratoire étant l'expression de ce que nous vivons, de ce que nous sommes, toutes les expériences que nous vivons sont enregistrées dans notre corps et elles influencent immédiatement notre respiration. Nous sommes cependant rarement conscients de ce fait.

UNE PETITE EXPÉRIENCE

Arrêtez-vous de lire pendant une ou deux minutes, puis fermez les yeux pour écouter votre respiration. Observez votre rythme respiratoire: est-il ample ou superficiel? Respirez-vous de l'abdomen sans que rien d'autre ne bouge ou décelez-vous un mouvement presque imperceptible au niveau de la poitrine? Qu'est-ce que vous observez?

Il est possible que votre rythme respiratoire n'ait pas une grande amplitude. C'est fréquent. Pourquoi? Tout simplement parce que l'ensemble de notre monde affectif influence directement ce rythme. Vous n'avez qu'à penser aux situations difficiles ou heureuses que vous avez déjà vécues. Quand elles reviennent à votre mémoire, votre respiration risque de se modifier pour devenir soit plus courte, soit entrecoupée, soit plus ample.

C'est ce qui se passe quand on a peur, quand on a de la peine ou encore quand on retient ses sentiments. Généralement, on oublie de respirer, la respiration est réduite au minimum. Ce phénomène se produit même lorsque l'on vit des événements heureux et il a pour effet de diminuer la force des sensations tant positives que négatives. Mais dès que nous modifions notre perception des événements et des choses, nous changeons notre façon de respirer. Inversement, lorsque nous modifions notre respiration pour la rendre plus ample et que nous y laissons passer plus de vie, notre vision des choses ou des événements se modifie également.

Ce sujet a été abordé tant de fois qu'il nous semble inutile d'y revenir. Quand une chose semble si évidente, il arrive fréquemment qu'on en oublie l'importance. C'est la raison pour laquelle je veux remettre ce sujet en lumière dans la pratique de l'autopolarité. Tout le monde sans exception peut agir sur sa respiration. C'est simple et si bénéfique.

Nous aborderons ce thème en tant que nourriture énergétique de l'organisme. Nous savons que l'air contient 21 % d'oxygène et

78 % d'azote. Quand nous respirons, nous captons, outre ces constituants matériels, la partie immatérielle de l'air que les hindous appellent le prana. Cette partie invisible constitue le principe ou le souffle de vie, selon les Védas. Elle correspond à l'énergie vitale. Dans la respiration, on retrouve les mêmes principes de polarité qu'il y a dans l'univers et dans l'homme: l'inspiration correspond à la polarité négative et l'expiration à la polarité positive. Par analogie, nous dirons que la capacité d'inspiration peut faire référence à notre capacité de recevoir ou de prendre et que l'expiration se réfère à notre capacité de nous abandonner et de nous détendre.

LE PRANA

Selon Van Lysebeth, le prana c'est la somme totale de toutes les énergies de l'univers. Le Dr Stone, pour sa part, affirme que le prana représente la force universelle vitale et qu'il se retrouve partout.

La source la plus importante de prana sur le plan physique se trouve dans l'atmosphère. Elle est constituée de particules électrisées, les ions négatifs. Ces ions sont très actifs et ils apportent la vitalité à l'organisme. Nous pouvons retrouver d'autres sources importantes d'ions négatifs dans le sol, telles les grandes masses d'eau en mouvement ou en cours d'évaporation. Lorsque nous sommes en vacances au bord de la mer, les meilleures sources de prana sont réunies: une grande masse d'eau en mouvement, l'action du vent du large, la quasi-absence de poussière et une ionisation maximum par le soleil et les rayons cosmiques.

Dans les villes, on trouve peu d'ions négatifs, mais beaucoup d'ions positifs. Ces ions, gros et lents, diminuent la conductivité de l'air. Ce phénomène est d'autant plus important que la ville est plus poluée. À la campagne, où l'air est propre, on compte un, deux ou trois ions négatifs contre un ion positif, tandis que dans les villes, la proportion est de un ion négatif contre 275 ions positifs.[1] Les villes sont donc pauvres en prana.

Certains exercices respiratoires très particuliers, appelés pranayama, ont comme but spécifique de fixer une quantité plus importante de prana dans l'organisme. Il existe une multitude d'exercices de pranayama, et plusieurs d'entre eux exigent un suivi par une personne compétente.

La respiration complète constitue un excellent moyen de capter le prana alors que la respiration alternée sera privilégiée lorsque la respiration complète aura été bien maîtrisée. Les principaux points d'absorption du prana sont d'abord les terminaisons nerveuses des fosses nasales. Viennent ensuite les alvéoles pulmonaires, puis la langue, qui capte le prana des aliments, et, en dernier lieu, la peau.

LES BIENFAITS DE LA RESPIRATION

Les exercices de respiration nous permettent d'aller chercher le maximum de prana, principe centralisateur de la vie. Ces exercices nous aident à améliorer notre capacité inspiratoire et expiratoire et à augmenter l'activité ganglionnaire du système nerveux, ce qui génère une force électrique et magnétique.

Ils contribuent en outre à la régularisation de la circulation sanguine et à la distribution rythmique du sang dans tout le corps par le cœur, facilitant ainsi la régulation interne de toutes les fonctions.

À tous ces bienfaits s'ajoutent la conservation de nos énergies, une conscience accrue face à l'existence et une plus grande capacité de jouir de la vie.

1. André Van Lysebeth, *Pranayama. La dynamique du souffle*, éd. Flammarion, 1971, p. 23-71.

LES EXERCICES DE RESPIRATION

Deux types de respiration vous permettront de capter un maximum de prana: la respiration complète et la respiration alternée, cette dernière procurant sept fois plus d'oxygène que la respiration normale, tout en calmant le mental et en nettoyant le système nerveux au niveau subtil.

Le processus de la respiration est tributaire de la qualité de l'air, du nez, du diaphragme, du psoas, des poumons et de la cage thoracique. Reprenons ces éléments un à un pour mieux comprendre le processus:

1– Le nez a la propriété de réchauffer l'air et de repousser les poussières vers l'extérieur au cours de l'expiration.

2– Le diaphragme est un muscle qui sépare les cavités thoracique et abdominale. C'est le grand ouvrier de la respiration. Son action se fait de façon spontanée, mais il peut aussi répondre aux commandes de la volonté. Sa fonction est de nous faire respirer et de masser sans cesse les organes abdominaux. Si le diaphragme s'arrête, aucune respiration n'est possible.

3– Le psoas est un facias qui se fixe aux mêmes points d'insertion que le diaphragme. La contraction des psoas modifie le mouvement du diaphragme.

4– Les poumons ont la propriété de purifier l'air et, de concert avec le cœur, de faire circuler le sang.

5– Les charnières de la cage thoracique doivent être flexibles pour permettre un mouvement respiratoire complet et ample.

Un mouvement harmonieux de la respiration permet le passage de l'énergie du haut vers le bas. Une détente mentale et corporelle s'ensuit, ce qui a pour effet de conserver un esprit clair à n'importe quel moment de la journée. Il existe une multitude de théories sur la pratique respiratoire. Elles ont toutes leurs propriétés et leurs bienfaits. Nous parlerons d'abord de la respiration complète que l'on retrouve dans la pratique du yoga. Elle s'apparente à notre respiration de base, à la naissance. On peut la pratiquer en position assise, couchée ou debout, ou encore en marchant. Il est important que la colonne vertébrale soit droite.

LA RESPIRATION COMPLÈTE: CONSIGNES

1– Laissez d'abord votre corps respirer. Remarquez les parties en mouvement.

2– Commencez toujours par une expiration profonde afin d'expulser au maximum l'air résiduel; l'oxygène ne peut en effet être capté par le sang en présence de bioxyde de carbone.

3– Procédez avec aisance, à votre rythme.

4– Effectuez cette respiration en trois temps continus.

5– Inspirez et expirez par le nez de préférence parce que le nez réchauffe, purifie, filtre et humidifie l'air avant de le faire passer dans le pharynx.

6– Faites ces exercices le matin, le soir avant de vous endormir et toutes les fois que vous êtes stressé.

LA RESPIRATION COMPLÈTE: TECHNIQUE

Pour vos débuts, il sera plus facile d'expérimenter la respiration complète en position couchée. Cependant, si vous vous trouvez en position assise, veillez à ce que votre colonne vertébrale soit bien droite.

1– Commencez par une expiration profonde.

2– Inspirez par le nez en gonflant doucement l'abdomen puis le thorax, et enfin le haut de la poitrine. Suivez le mouvement de votre respiration avec l'une de vos mains. Vous pourrez ainsi prendre conscience des régions qui sont plus rigides et qui ne prennent pas l'expansion désirée. Ce sera un excellent moyen de vérifier si votre mouvement est complet.

3– Expirez en dégonflant d'abord l'abdomen, puis le thorax et enfin la poitrine. Suivez le mouvement avec une de vos mains.

4– Persistez même si vous avez de la difficulté au début. Vous verrez, vous en retirerez de grands bénéfices. On devrait toujours pouvoir conserver ce rythme qui a été perdu parce que l'on a coupé sa respiration maintes et maintes fois pour diverses raisons, sans s'en rendre compte.

Figure 9
Respiration complète

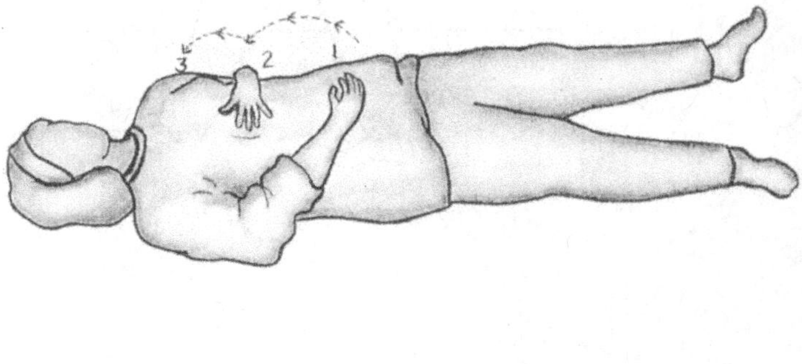

LA RESPIRATION COMPLÈTE: VARIANTE

Lorsque vous faites une promenade, synchronisez le mouvement de vos bras et de vos jambes en pratiquant la respiration profonde. Expirez par la bouche.

Figure 10

Respiration complète avec la marche synchronisée

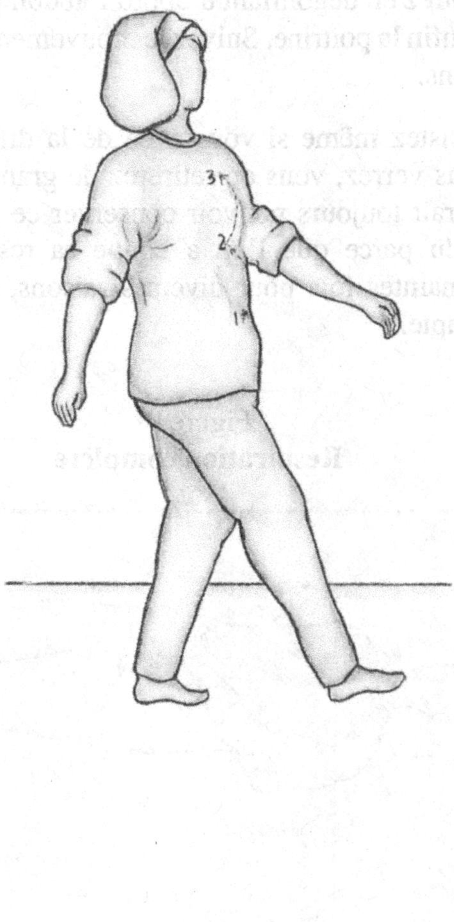

LA RESPIRATION ALTERNÉE

La respiration alternée est pratiquée depuis des milliers d'années par des Indiens vivant dans les montagnes de l'Himalaya. Elle est l'une des respirations les plus puissantes qui soit parce qu'elle agit sur plusieurs niveaux à la fois. Cette respiration a pour but de maintenir le processus catabolique et anabolique de l'organisme. Elle purifie également les trois nadis du système nerveux: Ida, Pingala et Sushuma. Les nadis sont des filets de force vitale. Ils sont au nombre de 72 000 pour l'ensemble de l'organisme. Ida et Pingala correspondent aux colonnes des fibres sensorielles et motrices de la moelle épinière et c'est par ces colonnes que passent les courants afférents et efférents.

Figure 11
Position modifiée du lotus

La respiration alternée s'effectue en trois étapes qu'il est important de respecter. La première étape s'étend sur un mois, la deuxième sur trois mois, après quoi vous pouvez passer à la troisième étape qui se poursuit tout le temps par la suite. Asseyez-vous confortablement sur une chaise, en ayant le dos bien droit ou adoptez la position du lotus, avec un coussin sous les fesses.

Première étape: un mois

Fermez les yeux et écoutez votre respiration. Relâchez vos épaules, votre mâchoire et détendez le reste de votre corps.

1– Inspirez lentement, par les deux narines en même temps. Fermez votre narine droite avec le pouce de votre main droite. Expirez complètement par la narine gauche.

2– Inspirez par la narine gauche en comptant de 1 à 6 et expirez par la même narine en comptant de 1 à 12.

3– Fermez votre narine gauche avec votre petit doigt et votre annulaire, inspirez par la narine droite en comptant de 1 à 6 et expirez par la même narine en comptant de 1 à 12.

4– Répétez 12 fois l'ensemble de la séquence, une fois par jour, le matin de préférence.

Deuxième étape: trois mois

Prenez la même position qu'à la première étape.

1– Inspirez par la narine gauche en comptant de 1 à 6, fermez cette narine puis expirez par la narine droite en comptant de 1 à 12.

2– Inspirez par la narine droite en comptant de 1 à 6 et expirez par la narine gauche en comptant de 1 à 12.

3– Répétez 12 fois l'ensemble de la séquence.

Figure 12
Position des doigts pour la respiration alternée

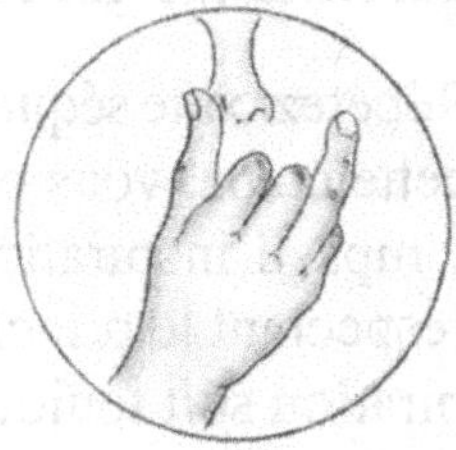

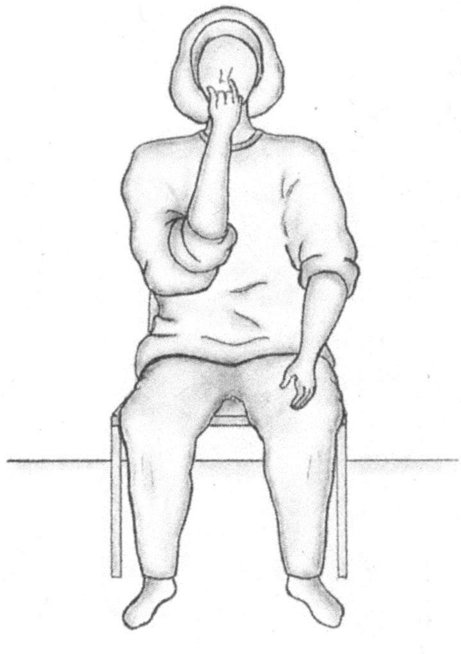

Troisième étape
respiration alternée complète

1– Inspirez par la narine gauche en comptant de 1 à 4. Fermez cette narine et retenez votre souffle jusqu'à 8, puis expirez par la narine droite en comptant de 1 à 8.

2– Inspirez par la narine droite en comptant de 1 à 4. Fermez cette narine et retenez votre souffle jusqu'à 8, puis expirez par la narine gauche en comptant de 1 à 8.

3– Répétez cette séquence 12 fois. Quand vous maîtrisez bien cette étape, vous pouvez augmenter graduellement votre temps d'inspiration et de retenue du souffle, tout en respectant le principe que votre temps de retenue et d'expiration soit toujours le double de votre temps d'inspiration.

Chapitre 5
LES EXERCICES ÉNERGÉTIQUES

«C'est une technique sans effort, nous plaçons le corps dans une position où les forces vitales peuvent circuler librement.»

Dr Randolf Stone, *Les postures faciles d'étirement,* (v.f.), p. 6.

LES EXERCICES ÉNERGÉTIQUES

Les exercices énergétiques sont des exercices simples, doux et faciles à faire. Ils prennent peu de temps dans une journée et ils ont l'avantage d'apporter de grands bénéfices pour peu d'effort. Ils nous aident à rester centrés et ils nous donnent l'énergie nécessaire pour vaquer à nos occupations.

Le Dr Stone en parle ainsi: «La nature utilise toujours une manière douce et graduelle, dans le processus de construction et de reconstruction.»[1] Ce qui importe, c'est la régularité quotidienne des exercices qui devraient être pratiqués de préférence le matin au réveil.

Les exercices énergétiques ont comme caractéristique principale de remettre rapidement en mouvement l'énergie vitale, ce qui augmente la vitalité. Ces exercices auront un effet sur l'ensemble de l'organisme et, plus spécifiquement, sur la respiration et sur la circulation sanguine et lymphatique, fonctions qui permettent le nettoyage du système, l'oxygénation des tissus et la régénération cellulaire. De plus, ils aideront à conserver ou à améliorer la souplesse des articulations et des muscles.

---

1. Dr Randolf Stone, *Les postures faciles d'étirement* (v.f.), p. 32.

La séquence des exercices comprend deux étapes qui peuvent se faire indépendamment l'une de l'autre.

LA PREMIÈRE ÉTAPE

Consignes

Ces exercices touchent les principales articulations. Il serait indiqué de faire chaque mouvement au moins trois fois, le chiffre trois symbolisant l'unité, en même temps qu'il se réfère aux trois pôles de la polarité.

1– Enlevez vos chaussures.

2– Placez-vous debout, les pieds bien à plat sur le sol, les genoux légèrement fléchis.

3– Exécutez les mouvements lentement et doucement.

4– Ne faites que ce que vous êtes capable de faire: ne jamais forcer le mouvement.

5– N'oubliez pas que la respiration est fondamentale.

Technique

1– Rotation de la tête

Baissez d'abord la tête en expirant par le nez. Effectuez ensuite une rotation lente de la droite vers la gauche, en inspirant lentement par le nez et en expirant lorsque la tête redescend à gauche. Répétez cette rotation trois fois. Refaites trois fois le même mouvement mais, cette fois, de la gauche vers la droite. Cet exercice est très utile pour relâcher le stress et la fatigue.

Figure 13
Rotation de la tête

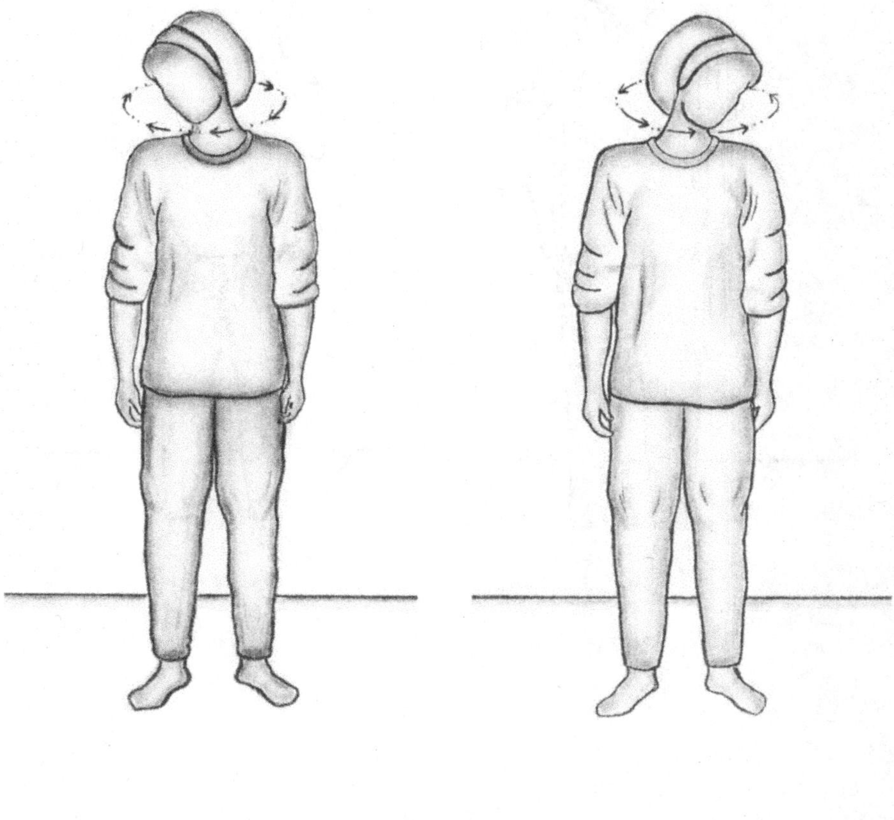

2– Rotation des épaules

Soulevez les épaules en inspirant et faites une rotation vers l'arrière en expirant. Répétez le mouvement trois fois. Refaites la même chose vers l'avant. Ce mouvement a l'avantage d'ouvrir les charnières des côtes et de relâcher la tension des épaules et du cou.

Figure 14
Rotation des épaules

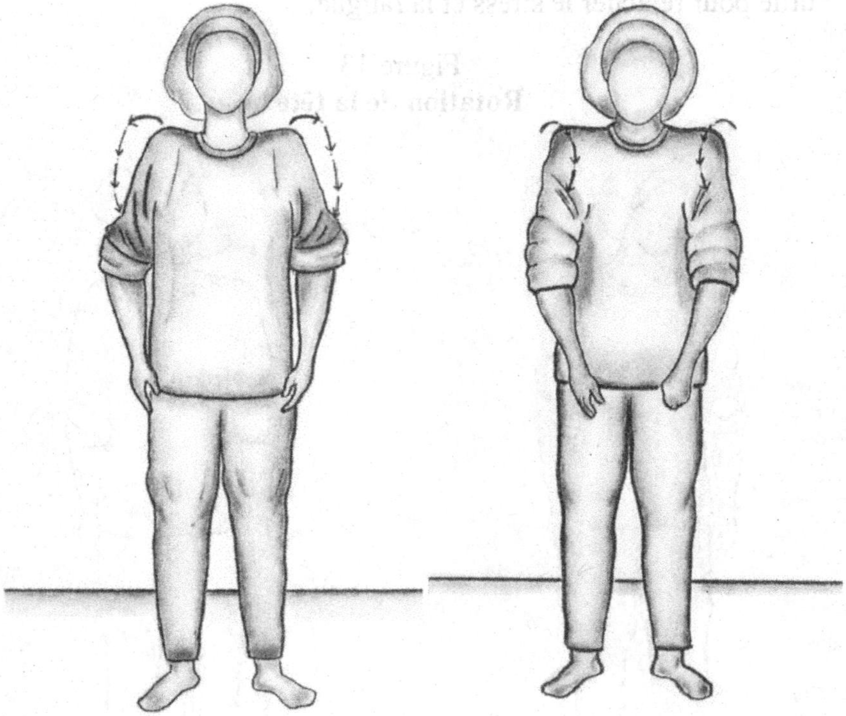

3– Rotation des bras

Effectuez la rotation des bras de l'avant vers l'arrière, l'un après l'autre. Inspirez et expirez par le nez. Refaites le même mouvement vers l'avant.

Figure 15
Rotation des bras

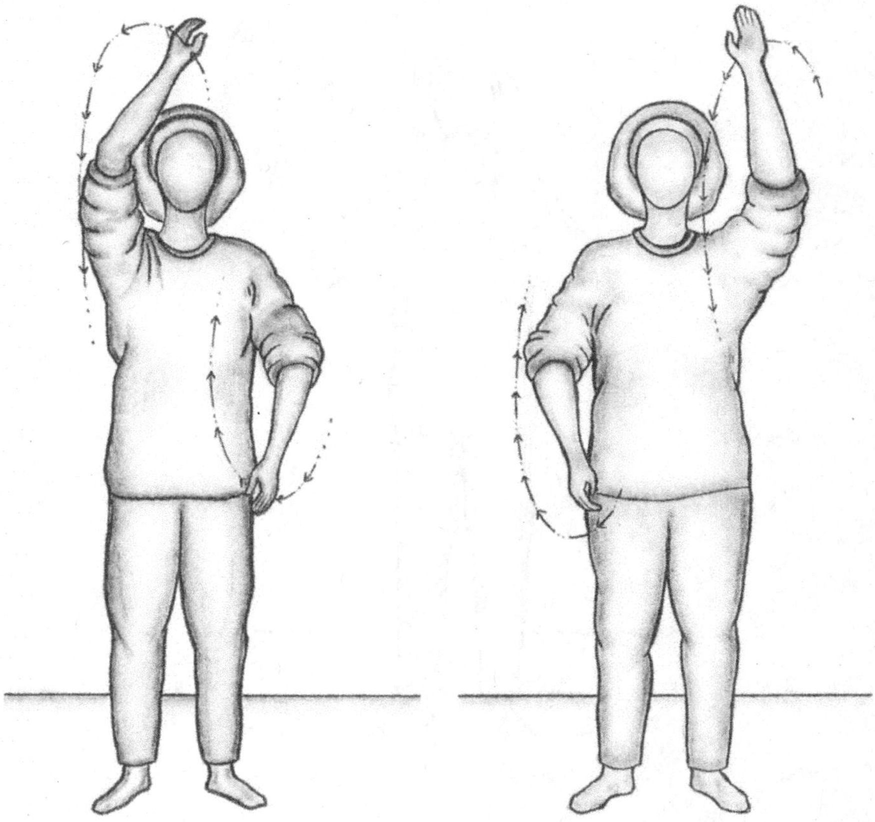

4– Tarzan

Inspirez. Frappez avec vos poings le centre de votre poitrine, juste au milieu du sternum, tout en expirant et en émettant le son «A» très fort.

Figure 16
Tarzan

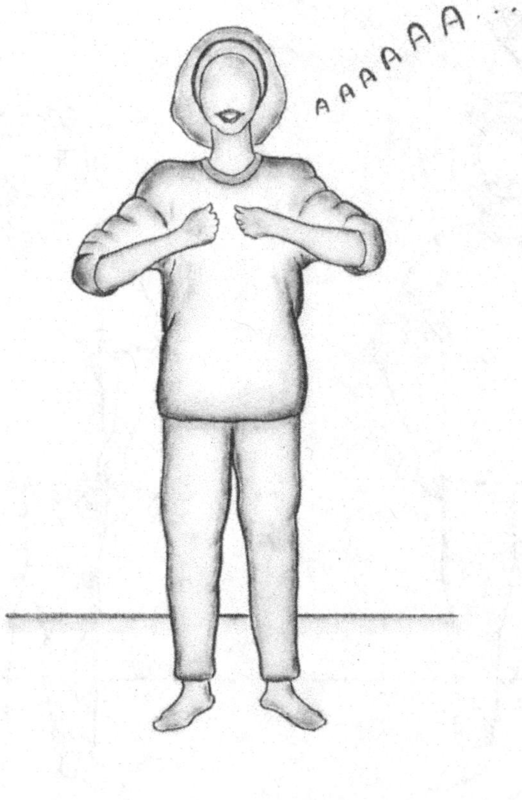

5– Balancement des poignets

Placez vos mains à la hauteur de votre poitrine, les paumes tournées vers vous. Balancez rapidement vos poignets vers vous en inspirant par le nez et en expirant par la bouche.

Figure 17
Balancement des poignets

6– Rotation du bassin

Les genoux fléchis légèrement, effectuez la rotation du bassin de droite à gauche et de gauche à droite. Vous pouvez faire des huit.

Figure 18
Rotation du bassin

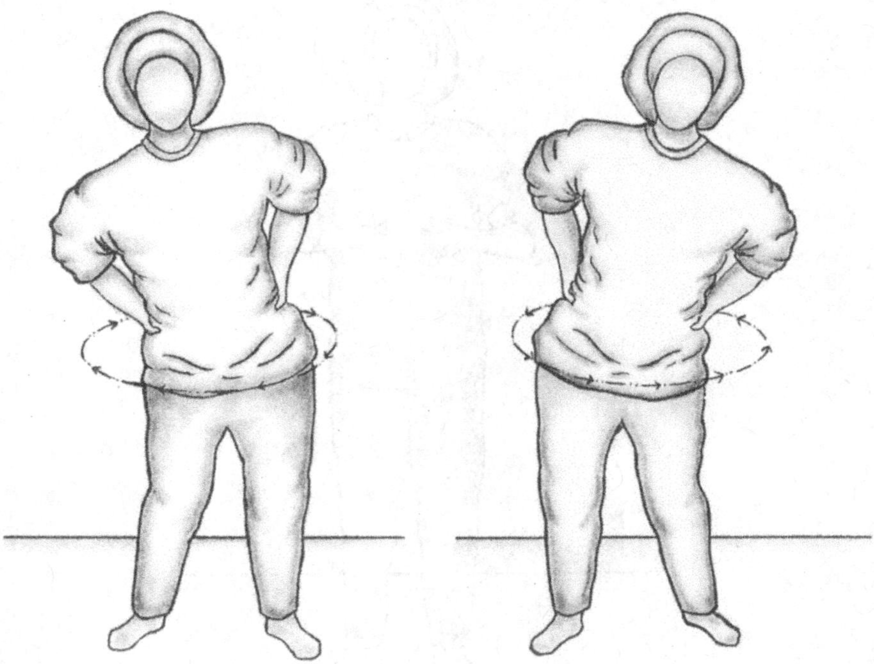

Percevez l'énergie qui est en mouvement dans l'ensemble de votre corps et remarquez la différence avec vos jambes qui n'ont pas encore été touchées.

7– Rotation des jambes, des genoux et des chevilles

Effectuez successivement des rotations avec la jambe, le genou et la cheville droite vers l'extérieur, puis vers l'intérieur. Prenez le temps de sentir la différence entre vos deux jambes. Répétez avec l'autre jambe.

Figure 19
Rotation des jambes, des genoux et des chevilles

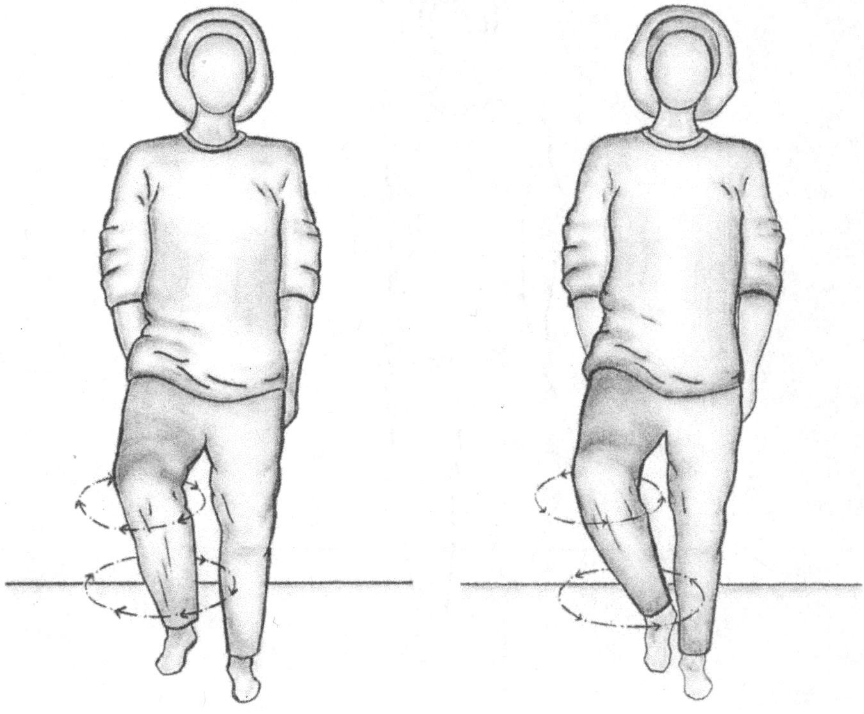

8– Orteils

À l'aide d'une légère pression, pliez les orteils du pied droit vers le dessous du pied. Faites la même chose avec les orteils du pied gauche.

Figure 20
Orteils

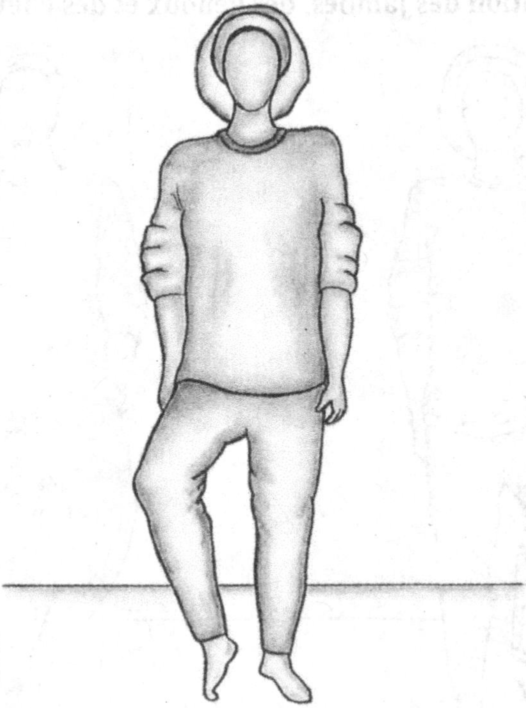

9– Sentir l'énergie qui circule

Prenez un temps d'arrêt, les yeux fermés, pour être en contact avec votre corps. Pendant une à deux minutes, sentez l'énergie qui circule librement.

LA DEUXIÈME ÉTAPE: LA POSITION D'ACCROUPISSEMENT

Selon le Dr Stone, la position d'accroupissement est celle qui se rapproche le plus de celle du fœtus dans le sein de sa mère[1]. Cette position met rapidement en mouvement l'énergie vitale parce que le principe de l'air est alors activé. Les champs électromagnétiques sont superposés, permettant ainsi aux trois pôles de l'élément air de se rejoindre dans un seul mouvement et de se stimuler l'un l'autre.

L'air est le premier principe de la vie. Sans lui, nous ne pouvons pas vivre. Lorsque l'énergie circule librement, l'organisme possède son élément de base pour le maintien de la santé. La position d'accroupissement en est une d'étirement:

- elle libère les principales jointures et articulations,
- elle conserve l'élasticité des muscles,
- elle permet au corps d'éliminer plus facilement ses déchets,
- elle repose le corps et calme le mental.

Consignes

1– Le port de vêtements amples est recommandé pour cet exercice. Si cela n'est pas possible, détachez ce qui serre trop à la taille.

2– Ce mouvement peut se faire plusieurs fois par jour, car il ne nécessite qu'un peu d'espace et d'intimité. On devrait l'effectuer tous les jours, de préférence le matin. On peut débuter par une minute puis augmenter graduellement la durée de l'exercice jusqu'à cinq minutes.

---

1. Dr Randolf Stone, *Les postures faciles d'étirement* (v.f.), p. 33.

3– On peut également effectuer cet exercice au bureau si on est fatigué ou tendu. On se sentira alors plus en forme pour poursuivre son travail.

4– Vous constaterez que les muscles de vos mollets s'allongeront graduellement et la position deviendra alors plus confortable. Dans les pays orientaux, cette position est utilisée dans la vie courante. Ici, nous n'avons qu'à regarder les jeunes enfants qui adoptent naturellement cette position, car ils sont souples.

Technique

Enlevez vos chaussures. Debout, joignez les pieds pour pousser ensuite les talons vers l'extérieur. Tournez le bout de vos pieds vers l'extérieur, de façon légèrement oblique.

Position 21
Position d'accroupissement: position des pieds

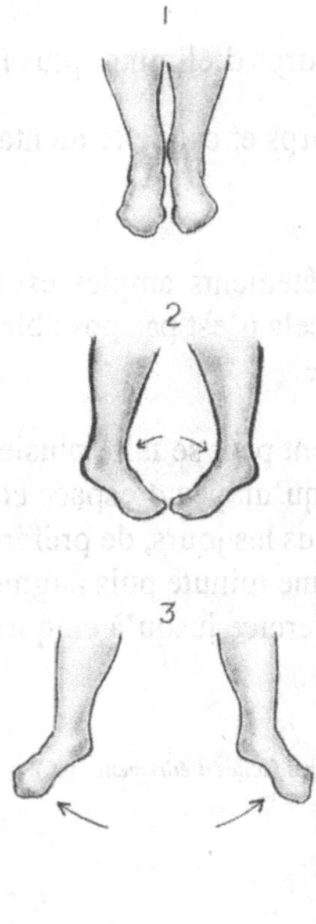

Pliez ensuite doucement les genoux pour vous accroupir avec les bras allongés, vos talons étant bien à plat sur le sol. Si vous n'arrivez pas à le faire, placez un coussin sous vos pieds ou un petit banc sous vos fesses. Ne faites pas d'effort. Les endroits où vous ressentez de l'inconfort ou des raideurs vous indiquent les parties de votre corps qui ont besoin d'être assouplies.

Position 22
Position de descente

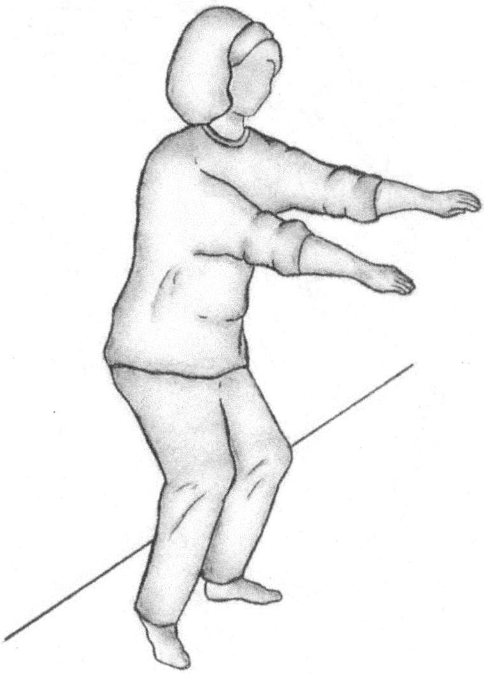

1– Position de balancement

Allongez vos bras comme si vous vouliez rejoindre le centre de l'espace qui se trouve devant vous et balancez-vous de bas en haut.

Figure 23
Position de balancement

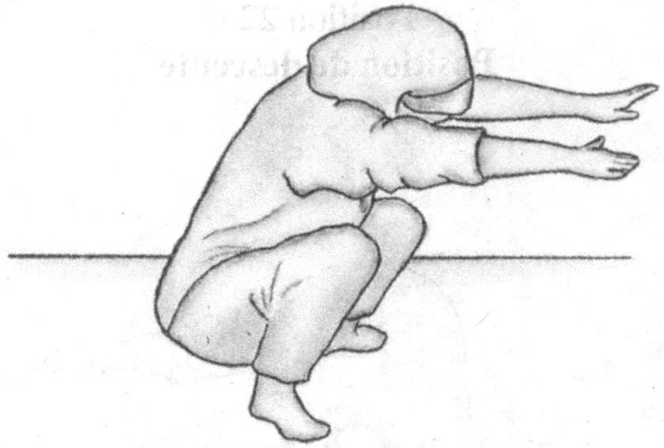

Ce mouvement masse les intestins et stimule les courants d'énergie de l'élément air. Il est excellent pour la femme enceinte et pour les personnes souffrant de problèmes de constipation, de gaz intestinaux ou gastriques et de maux de dos en phase non aiguë.

2– Libération du plexus brachial

Entourez vos genoux de vos bras en plaçant votre main droite sur votre poignet gauche. Inspirez et expirez profondément. Ce mouvement provoque une tension dans les bras et au niveau des épaules. Il libère ainsi le plexus brachial, centre de la respiration, ce qui permet une meilleure absorption de l'oxygène par le corps.

Figure 24
Libération du plexus brachial

3– Autopolarité du troisième œil

Ce mouvement permet l'autopolarité du troisième œil. Placez les bras à l'intérieur des genoux, le poing droit dans la main gauche, les deux pouces posés délicatement entre les deux sourcils. Balancez-vous doucement de haut en bas ou en effectuant une rotation si vous pouvez le faire.

Figure 25
Autopolarité du troisième œil

Ce dernier mouvement repose, régénère et centre la personne.

4 et 5– Autopolarité des yeux et des oreilles

À l'autopolarité du troisième œil, on peut ajouter l'autopolarité des yeux et des oreilles.

Yeux

1. Placez délicatement la paume de vos mains sur vos yeux. Cette polarisation en latérale repose beaucoup les yeux.

2. Placez les pouces derrière les oreilles, en appuyant sur l'occipital, puis posez vos mains délicatement sur votre visage, les doigts sur le côté de la tête. Polarisez avec le petit doigt, en poussant doucement vers le haut sur le globe occulaire, sous la crète orbitale.

Durée: une minute ou plus chaque jour. Sur les points sensibles, le contact peut être maintenu de quelques secondes à une minute. Il est important de bien respirer.

Ces mouvements d'autopolarité dégagent les tensions et les douleurs aux endroits polarisés.

Figure 26
Autopolarité des yeux

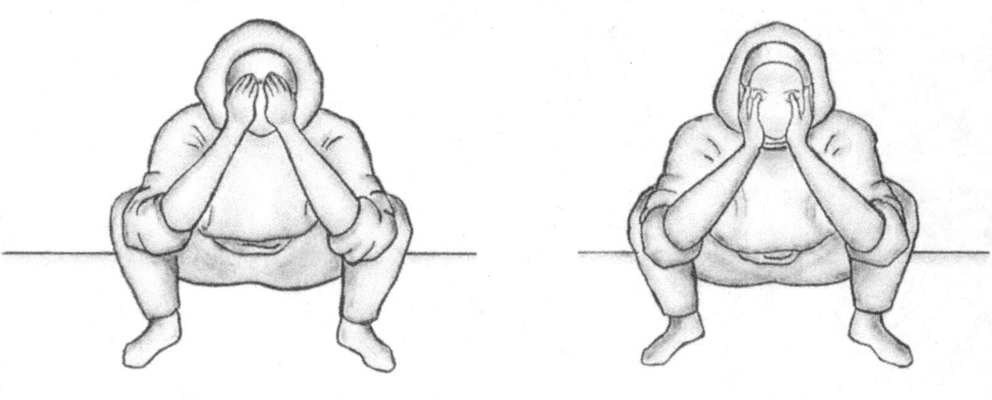

Oreilles

1. Polarisez avec le petit doigt dans chaque oreille et, en même temps, ouvrez et fermez la mâchoire inférieure.

2. Respirez en émettant des sons jusqu'à ce que vous ressentiez des vibrations dans l'oreille.

Durée: une minute

Cette autopolarité aide à soulager les problèmes d'ouïe et les bruits de sifflements dans la tête.

Figure 27
Autopolarité des oreilles

Bienfaits de la position d'accroupissement

Les bienfaits de cette position sont nombreux: en libérant le principe de l'air, toutes les fonctions de notre organisme peuvent se remettre en mouvement et, de façon plus spécifique, tout le processus d'élimination des substances grossières de l'organisme, dont les gaz, s'active.

Cet exercice apporte une aide notable aux personnes souffrant de grande fatigue, de problèmes de dos, de reins et d'insomnie.

Il s'avère également bénéfique à la femme enceinte, car:

- il permet aux muscles du plancher pelvien de se tonifier et de devenir plus élastiques;
- il soulage ou élimine les douleurs aux jambes;
- il aide à restaurer plus rapidement la condition physique après l'accouchement.

La position d'accroupissement agira aussi sur les tensions émotionnelles, car elle procure un grand calme et une grande sensation de bien-être.

C'est un mouvement naturel de protection et de régénération, comme la position fœtale.

LES POSITIONS QUI ÉQUILIBRENT LES TROIS PÔLES

Ces mouvements sont souvent effectués de façon spontanée. Notre corps manifeste ainsi son besoin d'être repolarisé.

1. En position assise ou couchée, croisez les mains derrière la nuque pour polariser le pôle positif du corps.

Figure 28
Autopolarité du pôle positif

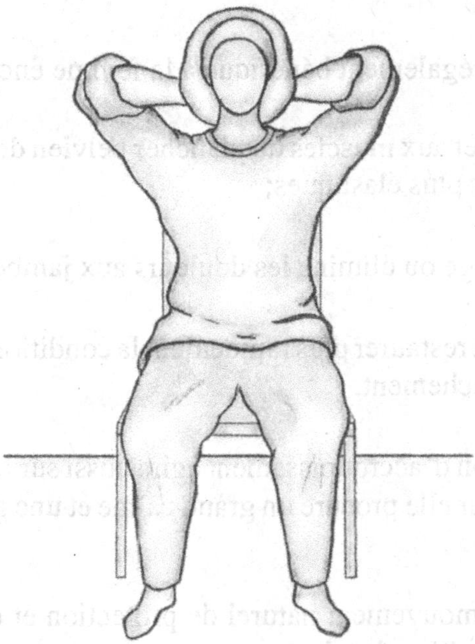

2. En position assise, croisez les pieds et placez vos mains croisées sur vos jambes pour polariser les pôles négatif et neutre du corps.

Figure 29
Autopolarité des pôles négatif et neutre

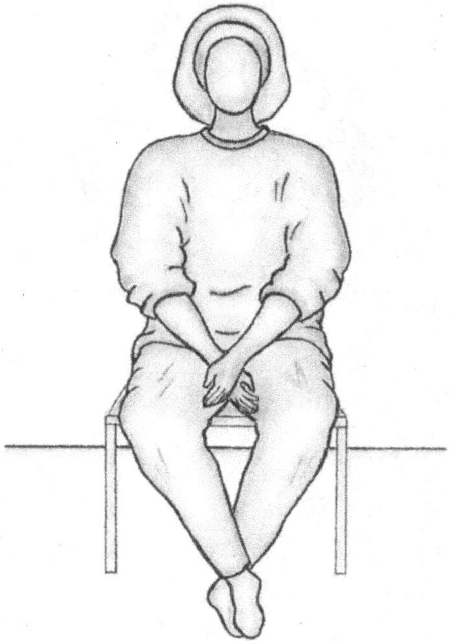

3. La position qui vous place au pôle neutre est la position d'accroupissement que l'on a vue précédemment.

Figure 30
Autopolarité du pôle neutre

Chapitre 6
LE SYSTÈME IMMUNITAIRE

«L'énergie de l'âme à travers le souffle
vital et l'esprit construisent et
cristallisent la matière.»

Dr Randolf Stone, vol. 1 (v.f.), p. 22.

LE SYSTÈME IMMUNITAIRE

Notre système immunitaire défend notre organisme contre les agressions de toutes sortes: bactéries, virus, champignons, parasites et autres microorganismes. Il agit comme une brigade anti-émeute dont les soldats patrouilleraient constamment notre corps.

De nombreux facteurs contribuent à affaiblir quotidiennement ce système: ceux qui sont directement reliés à notre mode de vie et ceux qui sont reliés à notre dynamique et à notre image personnelles.

Les facteurs reliés au mode de vie comprennent, entre autres, l'environnement avec ses problèmes de pollution, l'alimentation avec ses nombreuses composantes chimiques, le stress continu et destructeur, la fatigue excessive qui épuise le corps. Pour ce qui est des facteurs reliés à notre façon de vivre, ils ont trait à la manière dont nous vivons les événements et ils correspondent à notre dynamique et à notre image personnelles. Les sentiments négatifs que l'on nourrit envers soi et envers les autres, l'insécurité, l'insatisfaction personnelle, les sentiments de tristesse et de peine, les états dépressifs sont autant de facteurs déterminants dans l'affaiblissement ou la destruction des mécanismes de défense de notre organisme. Il en est de même lorsque le système immunitaire s'attaque aux cellules saines du corps.

Technique [1]

Voici cinq mouvements qui équilibrent, harmonisent et renforcent le système immunitaire. Ils font appel aux principes de polarité. Nous polariserons les glandes suivantes:

- la pinéale,
- l'hypophyse,
- le thymus,
- la thyroïde,
- le thalamus
- l'hypothalamus du système nerveux central.

Le thymus joue un rôle très important dans le système immunitaire: il dirige l'attaque de certains globules blancs (appelés cellules T) contre les ennemis qu'il détermine, au moment où il le détermine[2].

Le type de contact utilisé dans ces mouvements est léger. **Il sera très important de faire les cinq mouvements dans l'ordre présenté ici.** La durée de chaque mouvement varie entre trois et cinq minutes. Quand vous serez habitué, vous sentirez le passage de l'énergie dans vos doigts; ce sera votre indicateur de durée.

Il est souhaitable de pratiquer cet exercice une ou deux fois par semaine de façon préventive et tous les jours lorsqu'il y a un problème de santé.

---

1. Enseignée par Carell Farmer, maître Reiki, 1987.
   Cette technique est une combinaison de Polarité et de Reiki. Elle est enseignée par certains maîtres seulement.

2. Durk Pearson, Sandy Shaw, *Vivre mieux et plus longtemps*, Ed. La Presse, Montréal, 1982.

1– POUCE, INDEX ET MAJEUR
DE LA MAIN DROITE ENTRE
LES DEUX SOURCILS

POUCE, INDEX ET MAJEUR
DE LA MAIN GAUCHE DANS
LE CREUX OCCIPITAL

Le creux occipital est situé à la base du crâne.

Figure 31
Système immunitaire, mouvement nº 1

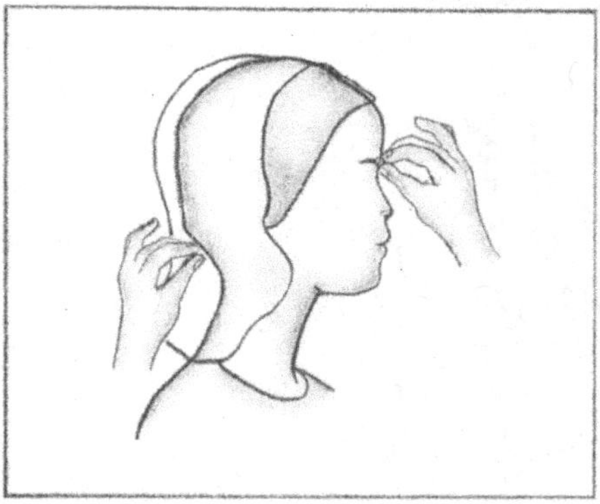

2– POUCE, INDEX ET MAJEUR
DE LA MAIN DROITE SUR
LA FONTANELLE ANTÉRIEURE

La fontanelle antérieure est à la jonction du frontal et des pariétaux.

POUCE, INDEX ET MAJEUR
DE LA MAIN GAUCHE DANS
LE CREUX OCCIPITAL

Figure 32
Système immunitaire, mouvement nº 2

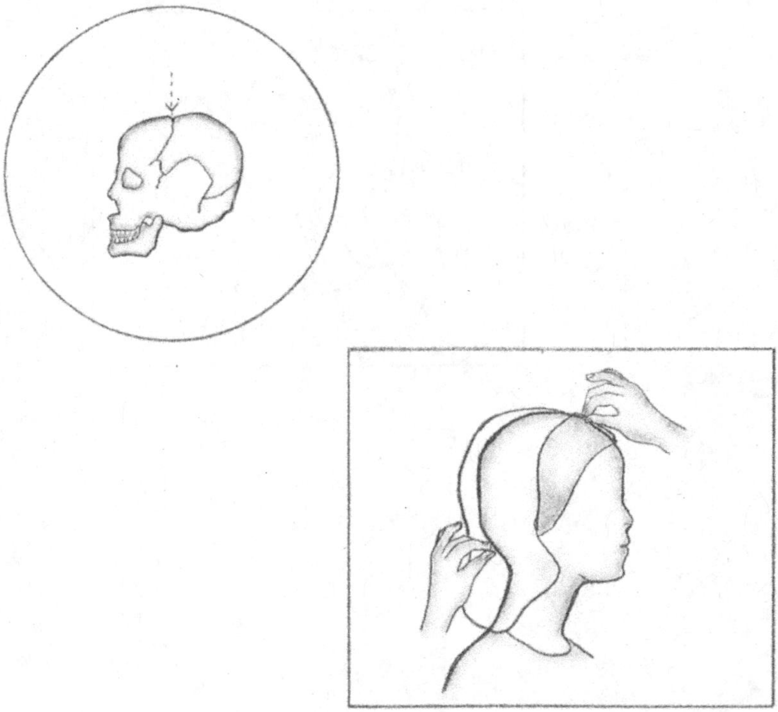

3– POUCE, INDEX ET MAJEUR
DE LA MAIN DROITE ENTRE
LA PREMIÈRE ET LA DEUXIÈME CÔTE,
SUR LE CÔTÉ DROIT DU STERNUM

POUCE, INDEX ET MAJEUR
DE LA MAIN GAUCHE
DE CHAQUE CÔTÉ DE LA PREMIÈRE
VERTÈBRE DORSALE

Le point de repère de la première vertèbre dorsale se situe à la deuxième protubérance, à la base du cou.

Figure 33
Système immunitaire, mouvement nº 3

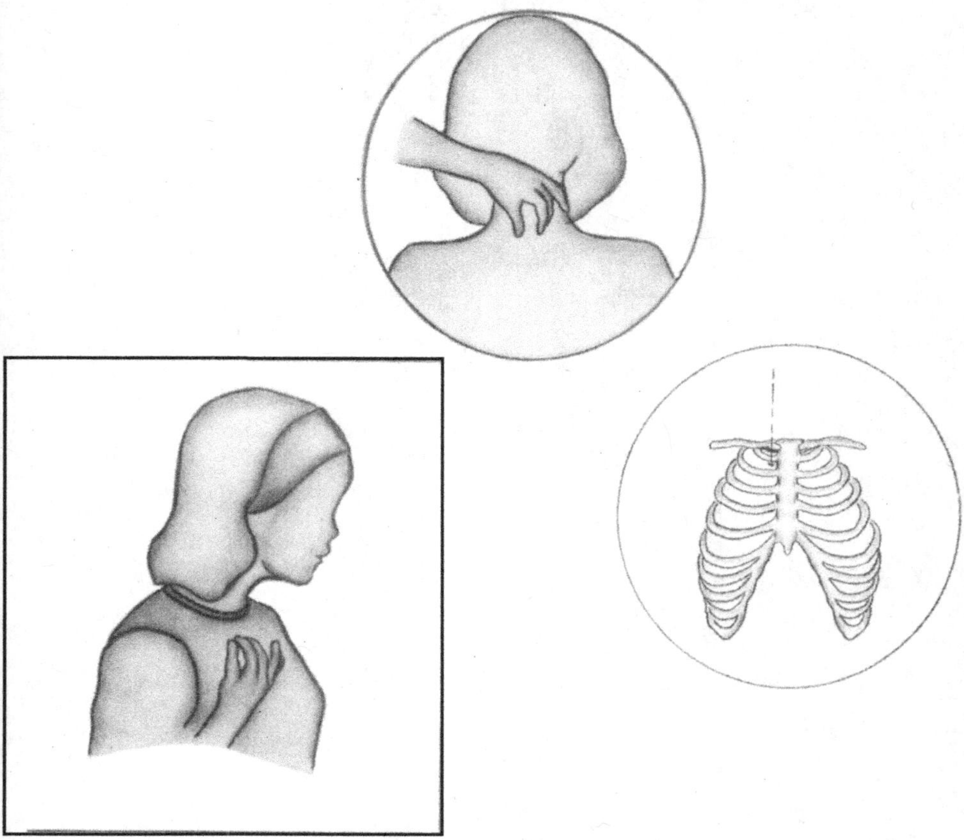

4– POUCE, INDEX ET MAJEUR
DES MAINS DROITE ET
GAUCHE DE CHAQUE CÔTÉ
DE LA GORGE, AU NIVEAU
DE CE QU'ON APPELLE
LA POMME D'ADAM

Figure 34
Système immunitaire, mouvement nº 4

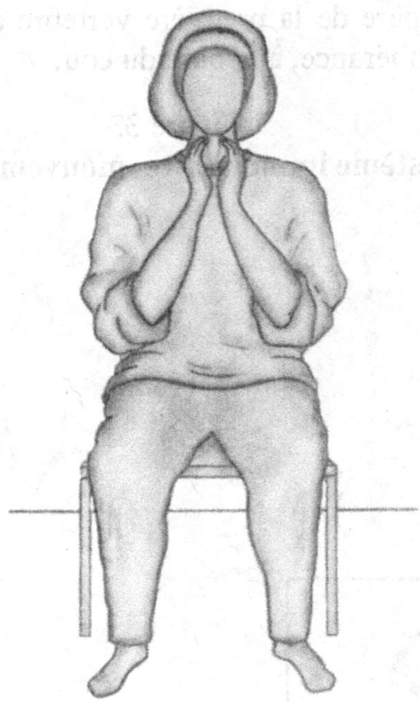

5– POUCE, INDEX ET MAJEUR DES MAINS DROITE ET GAUCHE À LA BASE DE LA MASTOÏDE

La mastoïde est un os qui se situe à la base des oreilles.

Figure 35
Système immunitaire, mouvement nº 5

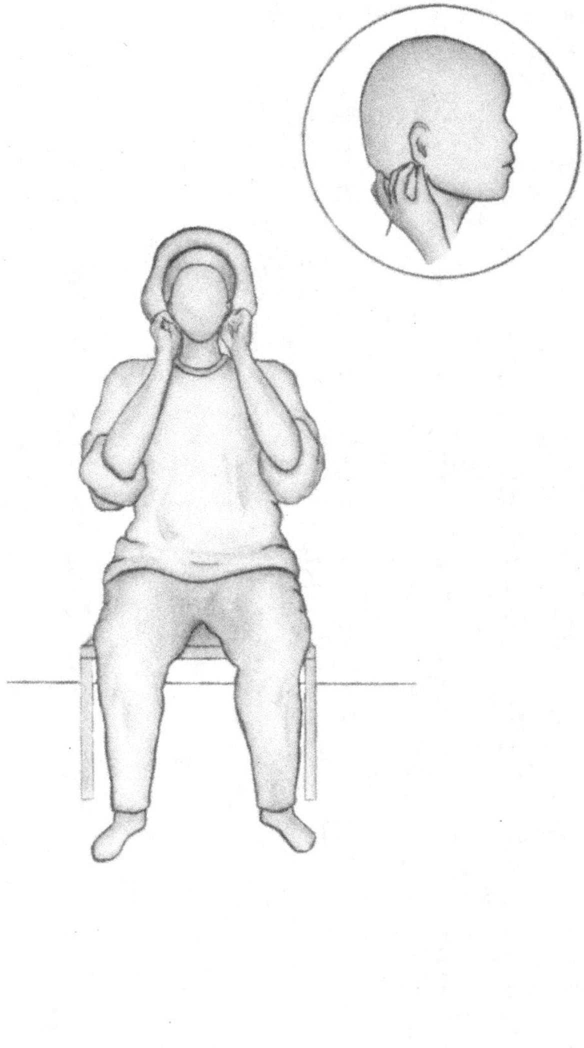

Chapitre 7
LES MOUVEMENTS DE L'ÉNERGIE ET LEURS POLARITÉS

«Les deux opposés s'influencent mutuellement: le supérieur règle l'inférieur, et l'inférieur régit le supérieur.»

Dr Randolf Stone, vol. 2 (v.f.), p. 11.

LES MOUVEMENTS DE L'ÉNERGIE ET LEURS POLARITÉS

Avant d'aborder l'utilisation de l'autopolarité pour le soulagement de la douleur, nous allons regarder les mécanismes d'action de l'énergie afin d'en comprendre les principes.

Parler de l'énergie, c'est parler de l'expression de la vie qui se renouvelle et se régénère sans cesse. Ces mouvements premiers sont l'expansion et la contraction. Ils peuvent être observés dès la naissance par la respiration, et même dans la respiration primaire qui se manifeste dès les premiers jours de la vie du fœtus et qui se termine dix minutes après la mort[1].

Ce mouvement est associé à la force centrifuge et à la force centripète. Il ne peut y avoir de vie sans cet échange continu qui passe par le centre d'attraction et d'émanation de tous les courants. Selon le Dr Stone, le centre se situe dans le sixième ventricule du cerveau et de la moelle épinière et il est formé par l'énergie ultrasonique de l'âme. Cette énergie primaire construit et soutient tous les autres courants[2].

1. B. Gabarel et B. Barillon, *Le crâne et la santé*, Ed. Courrier du Livre, 1981, p. 29-32.

2. Dr Randolf Stone, vol. 2 (v.f.), p. 10.

Les trois principes universels du mouvement, selon les Védas, sont représentés par les trois gunas: raja, tamas et sattva. Le raja est positif et il correspond au mouvement d'expansion, donc à la force centrifuge. Le tamas est négatif et il correspond au mouvement de contraction et donc à la force centripète. Il tourne autour d'un centre neutre appelé sattva, il est harmonisateur. Ces mouvements deviennent les principes de polarité du corps humain. Toute chose possède un centre neutre, un pôle positif et un pôle négatif, ce qui correspond à la triade de la circulation de l'énergie dans la matière et dans la forme[1]. Selon ce principe, qui est à la base de la théorie de la fonction triurne du Dr Stone dans la thérapie de la polarité, la circulation de l'énergie vitale s'effectue nécessairement à travers ces trois pôles.

Tableau 6

LES MOUVEMENTS DE L'ÉNERGIE ET LEURS POLARITÉS

EXPANSION mouvement rajasique + ↓ ↑ – CONTRACTION mouvement tamasique	CENTRE D'ATTRACTION ET D'ÉMANATION DE TOUS LES COURANTS mouvement sattvasique ↓ ÉNERGIE ULTRASONIQUE 6e VENTRICULE DU CERVEAU MOELLE ÉPINIÈRE ↓ L'ÉNERGIE DE L'ÂME EST L'ÉNERGIE PRIMAIRE QUI CONSTRUIT ET SOUTIENT LES AUTRES COURANTS	FORCE CENTRIFUGE + ↓ ↑ – FORCE CENTRIPÈTE

1. Dr Randolf Stone, vol. 1 (v.f.), p. 27.

LA CIRCULATION DE L'ÉNERGIE

Les courants de l'énergie subtile circulent verticalement et horizontalement dans le corps.

Verticalement

- DU CERVEAU, UN COURANT DOUBLE se croise autour d'un noyau central pour former les cinq cavités.
- DU HAUT VERS LE BAS
- DU BAS VERS LE HAUT
- DEVANT DU CORPS
  CÔTÉ DROIT: de haut en bas, cinq courants d'énergie
  CÔTÉ GAUCHE: de bas en haut, cinq courants d'énergie
- DOS
  CÔTÉ GAUCHE: de haut en bas, cinq courants d'énergie
  CÔTÉ DROIT: de bas en haut, cinq courants d'énergie

Horizontalement

- DE L'INTÉRIEUR VERS L'EXTÉRIEUR
- DE L'EXTÉRIEUR VERS L'INTÉRIEUR
- DE LA DROITE VERS LA GAUCHE SUR LA FACE ANTÉRIEURE
- DE LA GAUCHE VERS LA DROITE SUR LA FACE POSTÉRIEURE

Horizontalement et verticalement

- DU DEVANT VERS L'ARRIÈRE, c'est-à-dire du sensitif au moteur

Figure 36
Circulation de l'énergie

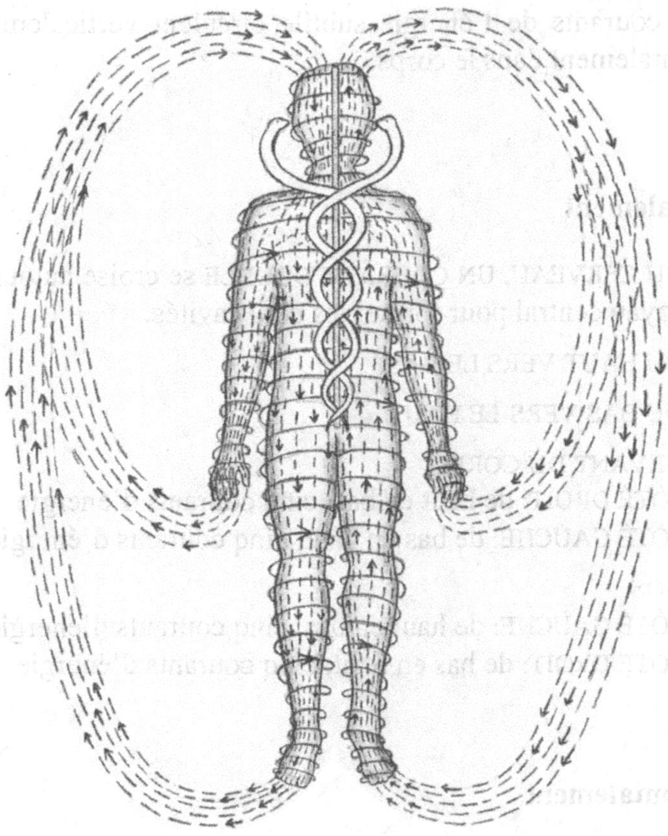

Le courant revient toujours à son centre, le pôle neutre, qui correspond à l'endroit où la polarité change. Pour résumer, nous dirons que l'énergie voyage du centre vers l'extérieur et de la surface vers l'intérieur, complétant ainsi son cycle dans un circuit donné, par l'action de la polarité. C'est ce qui permet d'assurer un mouvement continu et équilibré.

LES DIVISIONS DE LA STRUCTURE CORPORELLE ET LEURS POLARITÉS

Structure corporelle

1– Le devant du corps correspond au niveau sensoriel. Il est réceptif et sa polarité est négative. Le dos correspond au niveau moteur. Il est émetteur, donc actif, et sa polarité est positive.

Figure 37
Polarité du devant et du dos

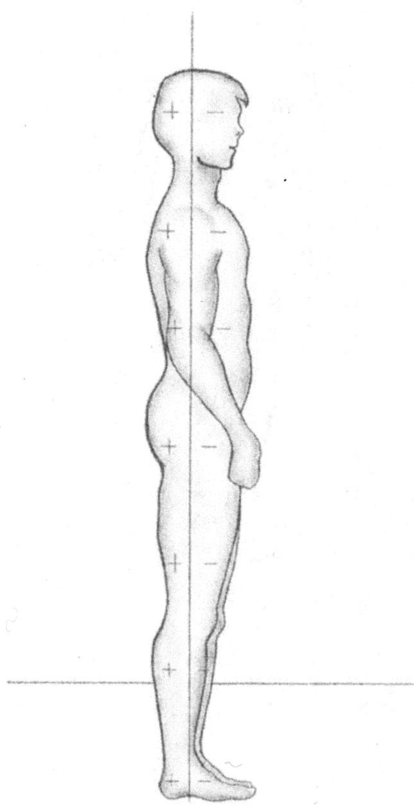

2– Le côté droit du corps a une polarité positive alors que le côté gauche a une polarité négative.

Figure 38
Polarité du côté droit et gauche

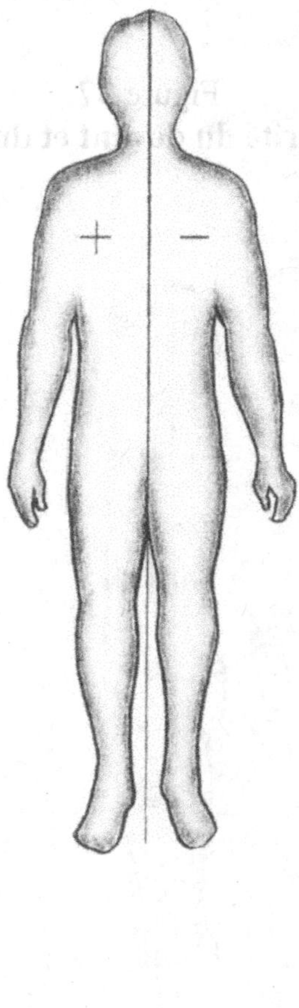

3– Le haut du corps est positif alors que le centre est neutre et que le bas est négatif.

Figure 39
Polarité du corps pris globalement

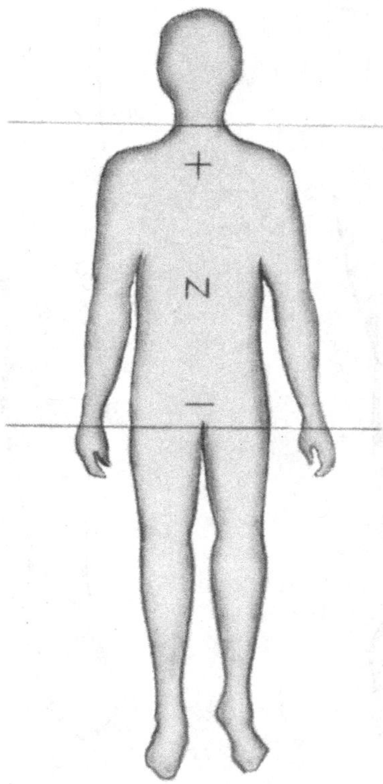

4– Les bras et les jambes possèdent également les trois polarités en correspondance.

Figure 40
Polarité des bras et des jambes

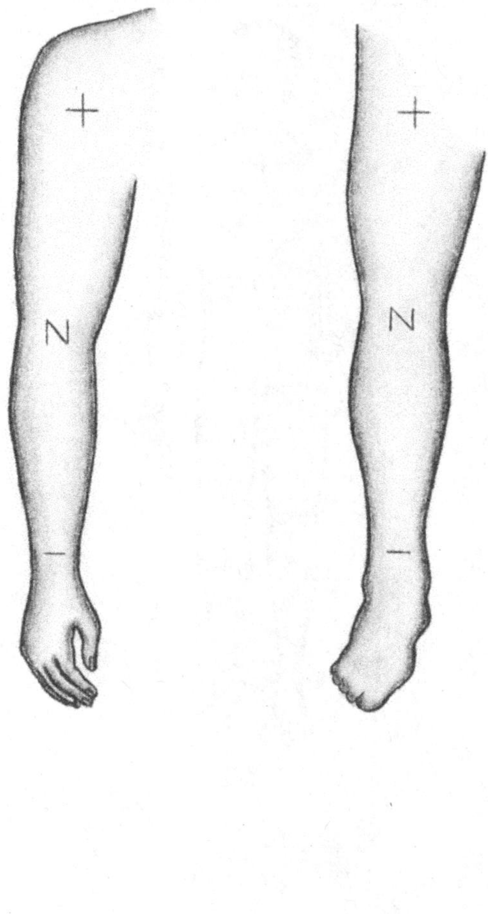

5– La tête a une polarité positive; les mains et les articulations, une polarité neutre; et les pieds, une polarité négative.

Chacune de ces divisions comporte trois dimensions: l'antérieur et le postérieur, le haut et le bas, la droite et la gauche. En plus de ces dimensions, il faut tenir compte du centre, qui est localisé en haut de la tête et qui descend le long du canal rachidien. Il est en relation avec les sept principaux chakras. Quand on harmonise un système ou un élément, tous les autres systèmes ou éléments sont touchés parce que tous sont interreliés.

TOUT EST DANS TOUT

Si l'on considère l'une ou l'autre des parties du corps humain énumérées ci-dessus, on constate que les trois pôles (positif, neutre et négatif) s'y retrouvent toujours, de même que leur correspondance au pôle inférieur. Prenons l'exemple de la tête. En soi, elle est positive par rapport aux pieds. Cependant, si on la considère en fonction de ses différentes parties, il en est tout autrement, car alors on y retrouve toutes les polarités.

Figure 41
Tout est dans tout

Tête

- CÔTÉ DROIT positif
- CENTRE neutre
- CÔTÉ GAUCHE négatif

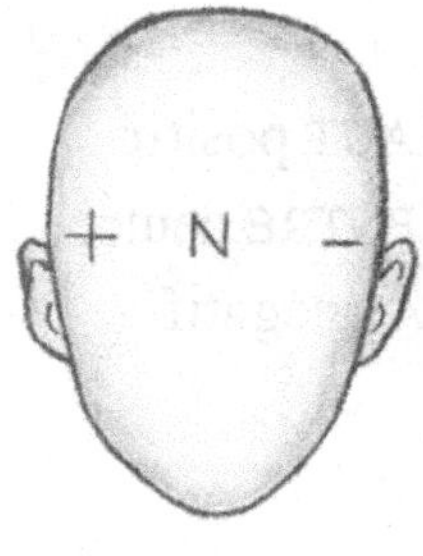

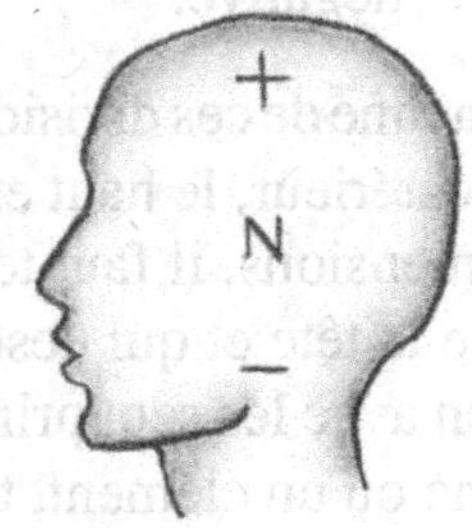

- DESSUS positif
- CENTRE neutre
- DESSOUS négatif

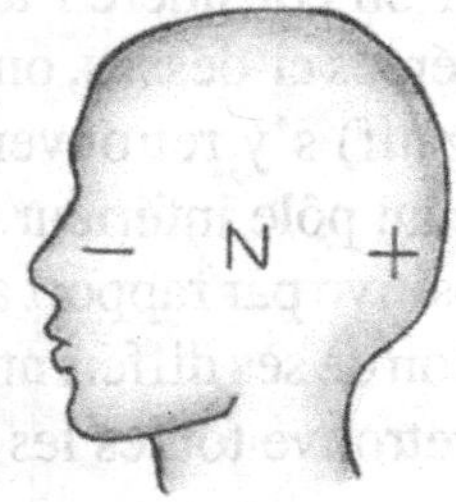

- ANTÉRIEUR négatif
- CENTRE neutre
- POSTÉRIEUR positif

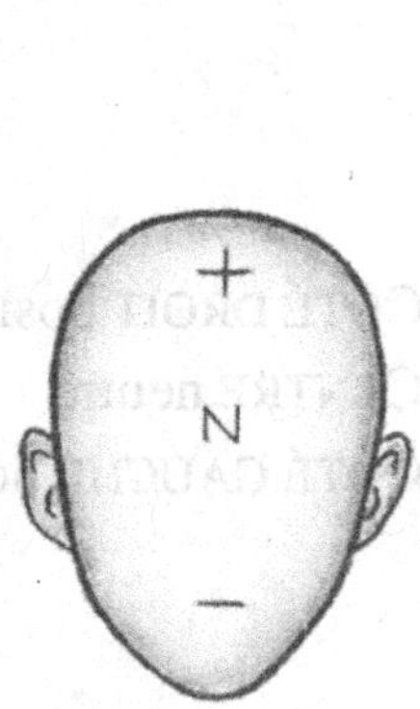

- HAUT positif
- CENTRE neutre
- BAS négatif

LES CORRESPONDANCES RÉFLEXES DES PIEDS ET DES MAINS

Les pieds et les mains possèdent également les trois polarités et sont interreliés avec l'ensemble du corps. Il en est ainsi des orteils et des doigts avec la tête. Ces correspondances sont très utiles dans l'identification des blocages d'énergie et dans l'application de la polarité par la fonction triurne des pôles réflexes.

Figure 42
Correspondances des pieds et des mains

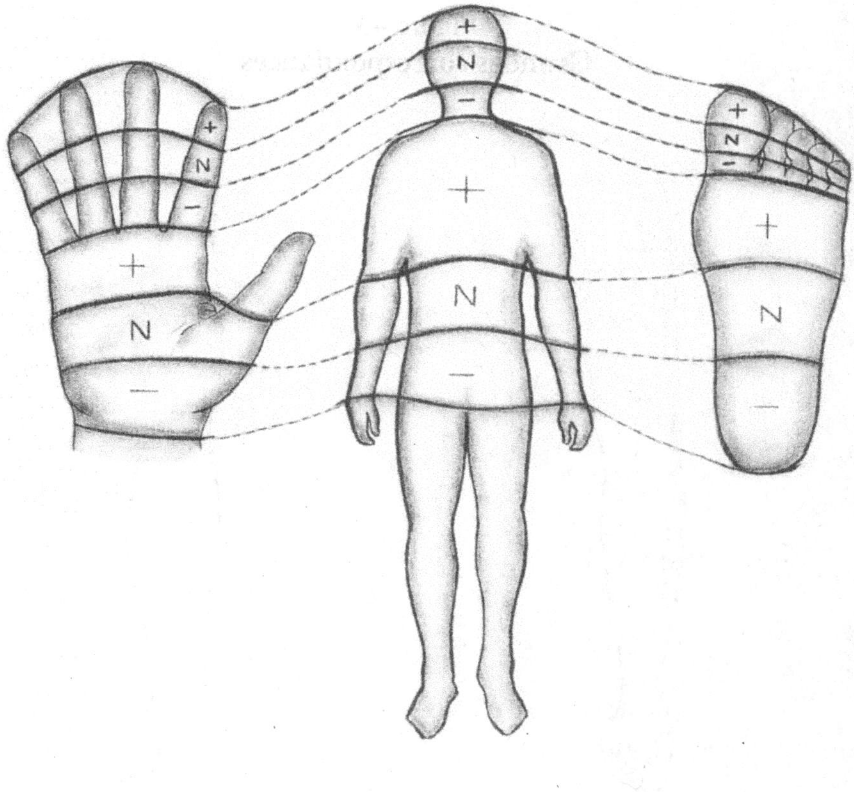

LES GRANDES CORRESPONDANCES

Chaque membre inférieur a sa correspondance au niveau supérieur. Le fait de connaître ces correspondances s'avère utile dans l'application de l'autopolarité.

- HANCHE .... ÉPAULE
- JAMBE .... BRAS
- GENOU .... COUDE
- CHEVILLE .... POIGNET
- PIED .... MAIN
- ORTEILS .... DOIGTS

Figure 43
Grandes correspondances

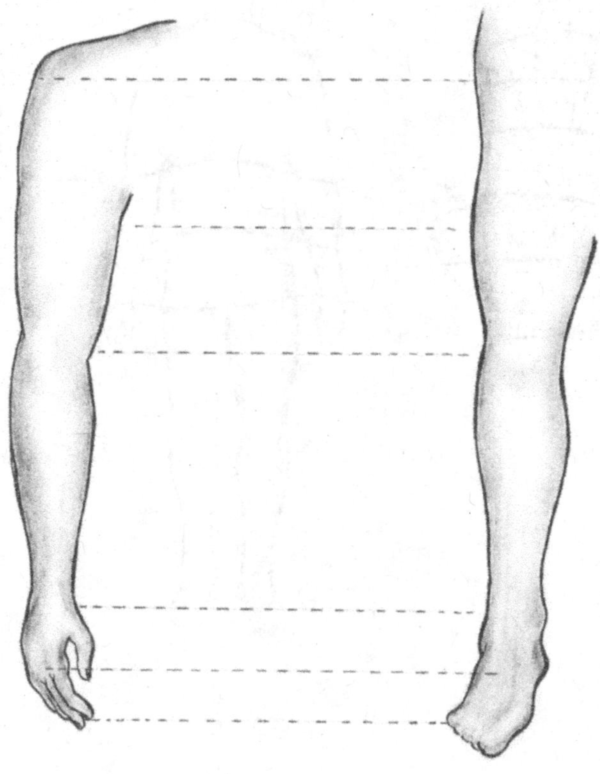

Les orteils et les doigts ont leur propre polarité et ils correspondent aux cinq grands courants d'énergie subtile qui se trouvent du côté droit et du côté gauche du corps.

Figure 44
Polarités des orteils et des doigts

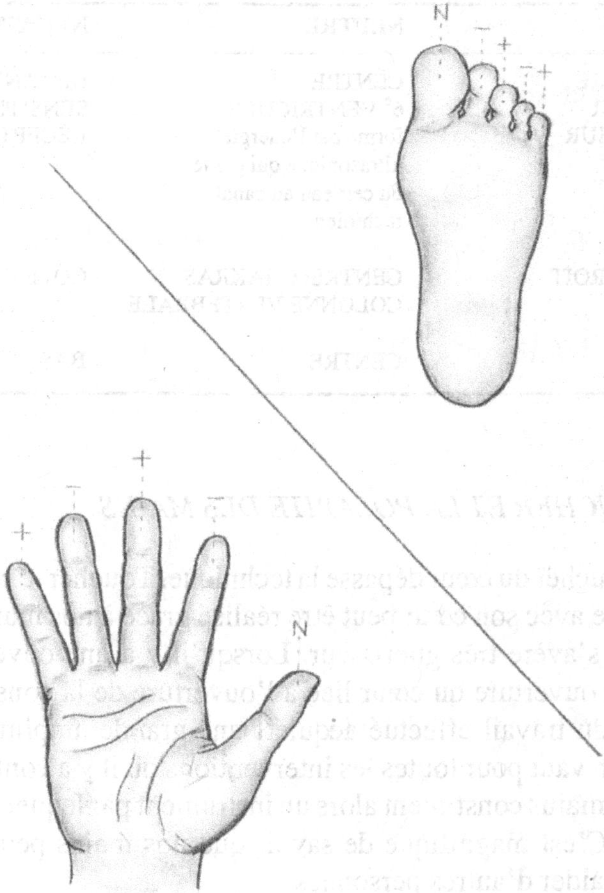

Il existe une multitude d'autres correspondances de polarité, mais nous nous concentrerons sur certaines d'entre elles parce qu'elles sont plus faciles à utiliser dans l'autopolarité.

Tableau 7
LES POLARITÉS DU CORPS DANS
UNE PERSPECTIVE D'ENSEMBLE

POSITIF	NEUTRE	NÉGATIF
DERRIÈRE MOTEUR ÉMETTEUR	CENTRE 6e VENTRICULE formé par l'énergie ultrasonique qui passe du cerveau au canal rachidien	DEVANT SENSITIF RÉCEPTIF
CÔTÉ DROIT	CENTRE: CHAKRAS COLONNE VERTÉBRALE	CÔTÉ GAUCHE
HAUT	CENTRE	BAS

LE TOUCHER ET LA POLARITÉ DES MAINS

Le toucher du cœur dépasse la technique. Toucher le cœur d'une personne avec son cœur peut être réalisé grâce à nos mains. Un tel toucher s'avère très guérisseur. Lorsqu'il y a une ouverture à la vie, une ouverture du cœur liée à l'ouverture de la conscience, la qualité du travail effectué acquiert une grande amplitude. Cette assertion vaut pour toutes les interventions où il y a contact, parce que nos mains constituent alors un instrument par lequel la vie peut passer. C'est magnifique de savoir que nos mains peuvent nous aider et aider d'autres personnes.

En relation avec les mains, nous avons vu deux choses; d'une part, que les mains ont une polarité neutre par rapport à l'ensemble du corps et, d'autre part, qu'elles peuvent avoir également les trois polarités si elles sont en relation réflexe avec le corps. Nous allons maintenant expliquer les polarités des mains par rapport aux côtés droit et gauche du corps. Il faut d'abord préciser que les mains ont deux chakras secondaires. Le chakra de la main droite est responsable de l'émission du courant d'énergie. Cette énergie est positive et correspond au soleil et à la chaleur.

Le chakra de la main gauche, quant à lui, est responsable de la captation de l'énergie. Cette énergie est négative et elle correspond à la lune et au froid. Elle est aussi conductrice du courant lunaire, qui est froid, rafraîchissant et tonifiant. **Ces données nous seront utiles lors de l'utilisation de l'autopolarité ou de l'application de cette technique à une autre personne.**

Figure 45
Polarité des mains

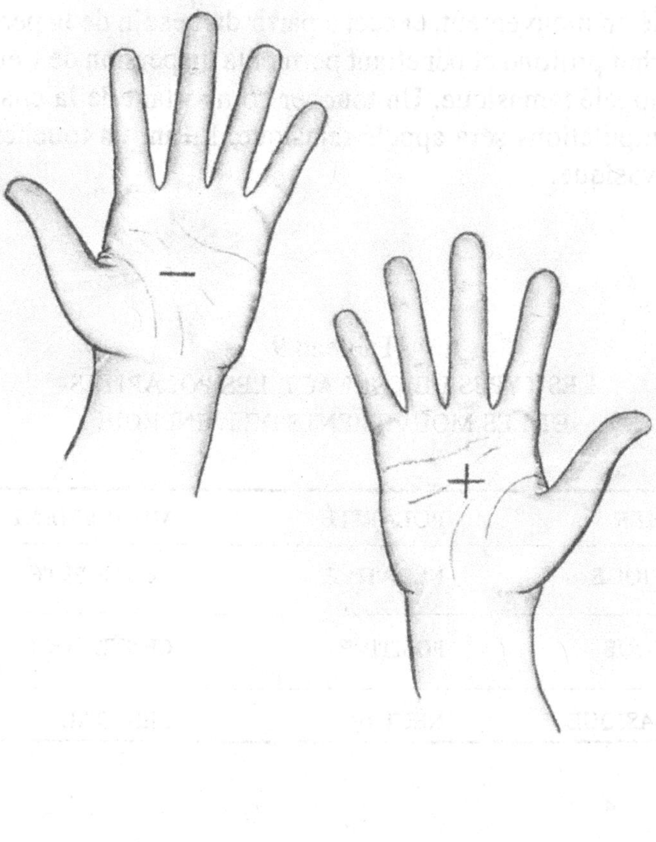

Tableau 8
POLARITÉS DES MAINS

MAIN DROITE	MAIN GAUCHE
+	–
GÉNÈRE DE LA CHALEUR	GÉNÈRE DU FROID

LES CONTACTS DE POLARITÉ

On utilisera trois différents types de contact pour remettre l'énergie en mouvement, et ceci à partir du besoin de la personne. Un toucher profond et pénétrant permet la dispersion de l'énergie; il sera appelé tamasique. Un toucher comportant de la chaleur et des manipulations sera appelé rajasique. Enfin, un toucher léger sera satvasique.

Tableau 9
LES TYPES DE CONTACT, LES POLARITÉS ET LES MOUVEMENTS DE L'ÉNERGIE

TOUCHER	POLARITÉ	MOUVEMENT
TAMASIQUE	NÉGATIVE	CENTRIPÈTE
RAJASIQUE	POSITIVE	CENTRIFUGE
SATTVASIQUE	NEUTRE	CENTRAL

Chapitre 8
PRINCIPE DE LA DOULEUR

«Toute douleur représente une rupture
dans le courant de l'énergie vitale.
Tout plaisir s'avère une circulation
complète de l'énergie vitale.»

Dr Randolf Stone, vol. 1 (v.f.), p. 59.

LE PRINCIPE DE LA DOULEUR

La douleur est ressentie sur le plan physique chaque fois qu'il y a interruption du mouvement de l'énergie vitale. Cette interruption est causée par des blocages provenant d'un excès de courant positif ou négatif. L'excès de courant positif perturbe le mouvement de la force centrifuge.

Dans la tradition chinoise, c'est le principe du Yang qui est perturbé et sa nature est l'expansion. Lorsqu'il y a un excès de courant négatif, le mouvement centripète, qui circule de l'extérieur vers l'intérieur, est bloqué. Dans la tradition chinoise, son principe est le Yin et sa nature est la contraction. Le vocabulaire utilisé pour exprimer les mouvements de l'énergie diffère selon les traditions mais le principe reste toujours le même.

LES MOUVEMENTS CENTRIFUGE[1] ET CENTRIPÈTE[2]

Figure 46
Mouvements centrifuge et centripète

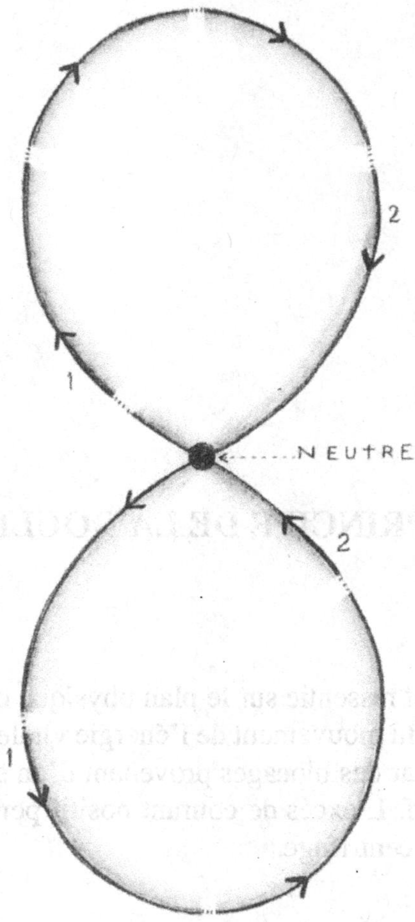

1. Du centre vers l'extérieur.
2. De l'extérieur vers le centre.

LE RELÂCHEMENT DE LA DOULEUR ET L'AUTOPOLARITÉ

Tableau 10
LES CARACTÉRISTIQUES DES EXCÈS DE COURANT POSITIF ET NÉGATIF DANS L'ORGANISME

POSITIF	NÉGATIF
• CHALEUR-ROUGEUR • DOULEUR • IRRITATION • INFLAMMATION • FIÈVRE • ŒDÈME • SYMPTÔMES AIGUS	• SPASME-STASE • DOULEUR • TENSION-CONTRACTION • FONCTIONS ET MOUVEMENTS LIMITÉS • SYMPTÔMES CHRONIQUES

Il existe trois grands types d'autopolarité pour relâcher la douleur: les antérieurs-postérieurs, les latérales et les correspondances. Ces types de contact permettent de remettre localement l'énergie vitale en mouvement.

Tableau 11
LES TYPES D'AUTOPOLARITÉ

ANTÉRIEURS POSTÉRIEURS	LATÉRALES	CORRESPONDANCES	AUTRES CORRESPONDANCES
• DEVANT	• CÔTÉ DROIT	• LATÉRALE	• HAUT
• DERRIÈRE	• CÔTÉ GAUCHE	• DIAGONALE	• BAS
ENDROITS			
• TÊTE • COU • TRONC	• TÊTE • TRONC	• HANCHE ET ÉPAULE • MEMBRES SUPÉRIEURS ET INFÉRIEURS • BRAS ET JAMBES • MAINS ET PIEDS • DOIGTS ET ORTEILS	• DIVERSES PARTIES DU CORPS EX: OCCIPUT SACRUM
• JAMBES • PIEDS	• JAMBES • PIEDS		

En résumé, nous utilisons les antérieurs-postérieurs au niveau du tronc, du cou et de la tête; les correspondances pour les principales articulations au niveau des membres, et les latérales pour l'ensemble du corps. Vous remarquerez que pour les antérieurs-postérieurs ainsi que pour les latérales, nous ne pouvons nous autopolariser au niveau des bras et des mains.

Chapitre 9
L'UTILISATION DE L'AUTOPOLARITÉ AVEC LES ANTÉRIEURS-POSTÉRIEURS POUR RELÂCHER LA DOULEUR

«On peut comparer le corps à une lampe d'Aladin. Les principes de polarité représentent le sésame ouvre-toi.»

Dr Randolf Stone, *Les postures faciles d'étirement* (v.f.), p. 33

L'UTILISATION DE L'AUTOPOLARITÉ AVEC LES ANTÉRIEURS-POSTÉRIEURS POUR RELÂCHER LA DOULEUR

Nous avons vu précédemment que la thérapie de la polarité comprenait des contacts très doux sur le corps pour équilibrer l'énergie vitale. Généralement, c'est un thérapeute bien formé qui fait ce travail, tout en accompagnant la personne traitée dans sa démarche vers un mieux-être et vers une plus grande autonomie. L'autopolarité devient alors un instrument très utile dans cette démarche.

L'autopolarité consiste à effectuer sur soi-même certains contacts qui rétabliront localement la circulation de l'énergie vitale afin de soulager la douleur. C'est la libération des courants positifs et négatifs qui favorisent le relâchement de la douleur. Il y a trois façons simples d'utiliser l'autopolarité: les antérieurs-postérieurs, les correspondances et les latérales.

LA DURÉE DU CONTACT

La position des mains sera maintenue de dix à vingt minutes, jusqu'à ce que le malaise soit relâché. Si l'on est fatigué de maintenir cette position, on arrête et on reprend un peu plus tard.

Ce contact d'autopolarité peut être répété au besoin. Pour les problèmes aigus, on suggère de répéter l'exercice plusieurs fois dans la journée.

Si la partie du corps que l'on veut autopolariser est difficile à atteindre, comme le haut du dos, on peut demander l'aide d'une autre personne.

Par le contact d'autopolarité, vous remettez en mouvement le flux vital et vous devenez un lieu de passage. N'utilisez jamais votre mental: donc n'essayez pas de visualiser la disparition du mal. Ce n'est pas nécessaire. En aucun cas, vous ne donnez votre énergie. Vous appliquez simplement vos mains aux endroits appropriés comme un enfant de cinq ans le ferait si vous le lui demandiez. Simplicité, douceur et présence sont de rigueur.

Il vous faut tout d'abord découvrir si la douleur est reliée à un excès de courant positif ou négatif. Pour ce faire, référez-vous au tableau des caractéristiques des excès de courant dans l'organisme.

Consignes

Utilisez toujours l'intérieur de la main. Vous pouvez être assis, debout ou couché, l'important étant que vous vous trouviez dans une position confortable. Il vous suffit de placer vos mains et de laisser le travail se faire. JAMAIS VOUS NE DEVEZ FAIRE D'EFFORT. SOYEZ SIMPLEMENT BIEN CENTRÉ. Profitez de ce temps d'arrêt pour vous détendre et bien respirer.

Quelle main choisir?

Notez que pour les antérieurs-postérieurs et pour les correspondances le choix de la main utilisée se fait en fonction du problème à traiter et non en fonction de la polarité du site où se localise le problème. Si vous notez une augmentation de la douleur après quelques minutes, c'est que vous vous êtes trompé de main. Changez alors la position de vos mains. N'hésitez pas à vous référer au tableau des symptômes reliés aux excès de courants positifs et négatifs.

L'UTILISATION DES ANTÉRIEURS-POSTÉRIEURS DANS LES CAS D'EXCÈS DE COURANT NÉGATIF

La douleur causée par un excès de courant négatif se caractérise généralement par les symptômes suivants:

- spasmes,
- contractions ou tensions dans une région donnée.

Ces symptômes sont le résultat d'une tension de surface qui affecte les muscles. C'est ce que l'on retrouve, par exemple, dans les cas de lumbago, de crampes menstruelles, de points dans le dos, etc. La main droite agira alors comme un antidote, puisqu'elle est conductrice de chaleur et qu'elle rétablit le mouvement centripète.

Technique

PLACEZ LA MAIN DROITE À L'ENDROIT OÙ SIÈGE LA DOULEUR
ET
PLACEZ LA MAIN GAUCHE DU CÔTÉ OPPOSÉ, EN FACE DE LA MAIN DROITE.

Cette technique peut être utilisée pour soulager différents malaises; voici quelques exemples afin de bien vous faire comprendre le principe:

- CRAMPES MENSTRUELLES
- CRAMPES D'ESTOMAC
- COLIQUES
- POINT À LA POITRINE
- POINT DANS LE DOS
- RAIDEUR LOMBAIRE

Vous avez sans doute remarqué que chaque fois qu'il y a des tensions, de la contraction ou de la congestion, on utilise la main droite pour disperser la douleur et pour détendre la région affectée.

QUELQUES ILLUSTRATIONS RELIÉES AUX EXCÈS DE COURANT NÉGATIF

1- Crampes menstruelles

MAIN DROITE SUR L'UTÉRUS

MAIN GAUCHE SUR LE SACRUM

On place la main droite juste au-dessus de l'os pubis.

Figure 47
Crampes menstruelles

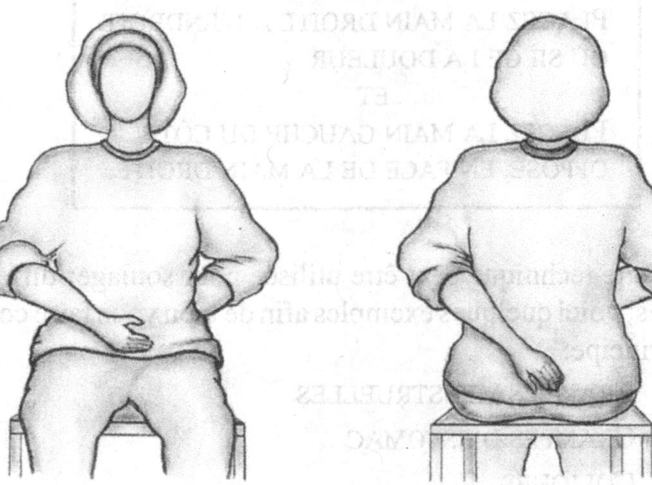

2- Crampes d'estomac

MAIN DROITE SUR L'ESTOMAC
L'estomac est situé à gauche dans la partie supérieure de l'abdomen, entre le foie et la rate.

MAIN GAUCHE SUR LA RÉGION DORSALE
à gauche

Figure 48
Crampes d'estomac

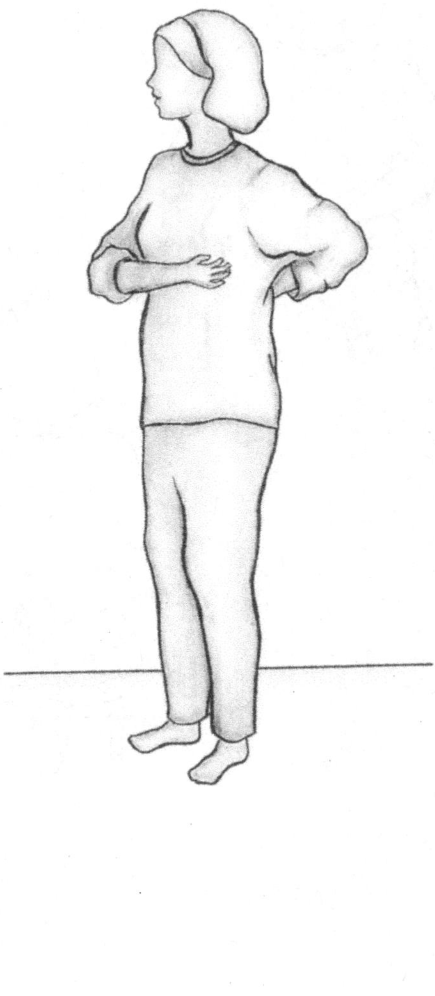

3- Coliques d'enfant ou d'adulte

MAIN DROITE SUR LE VENTRE

MAIN GAUCHE SUR LA RÉGION LOMBAIRE

Figure 49
Coliques

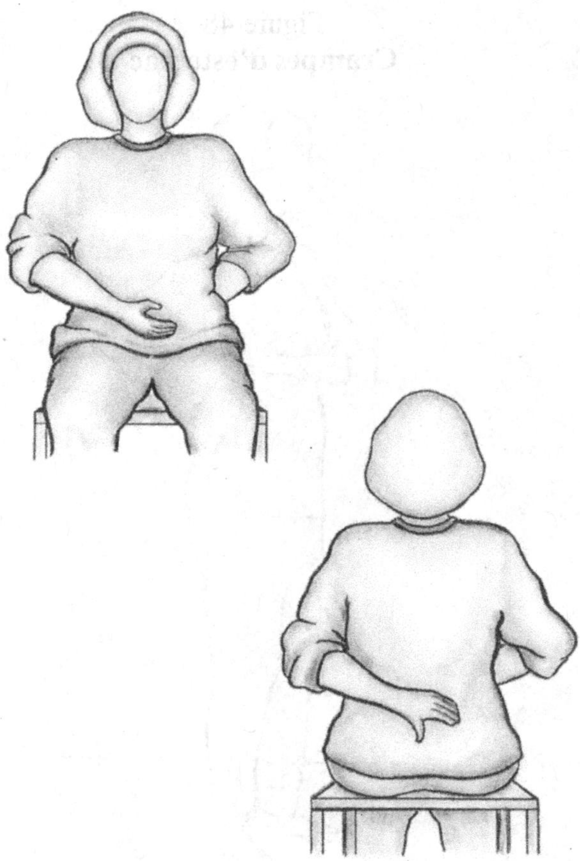

4- Point à la poitrine côté droit ou gauche

Il est difficile de s'autopolariser dans ce cas.

MAIN DROITE SUR LA POITRINE

MAIN GAUCHE SUR L'OMOPLATE

Figure 50
Point à la poitrine

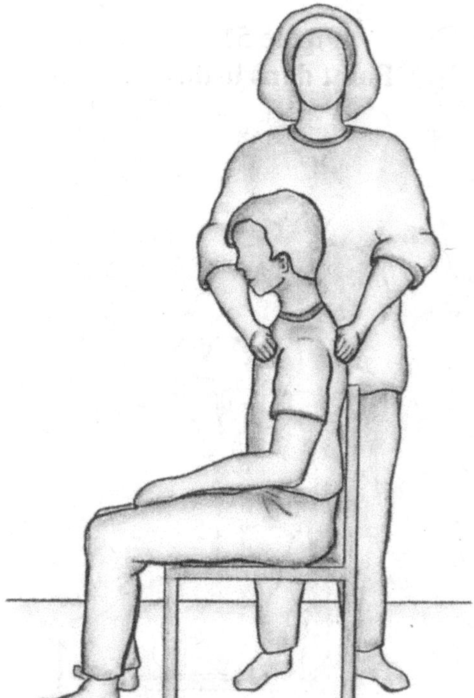

5- Point dans le dos
(exemple: au niveau des omoplates)

Il est impossible d'exécuter soi-même ce mouvement.

MAIN DROITE DANS LE DOS
AU NIVEAU DE L'OMOPLATE
DROITE OU GAUCHE

MAIN GAUCHE SUR LA POITRINE
EN FACE DE L'OMOPLATE

Figure 51
Point dans le dos

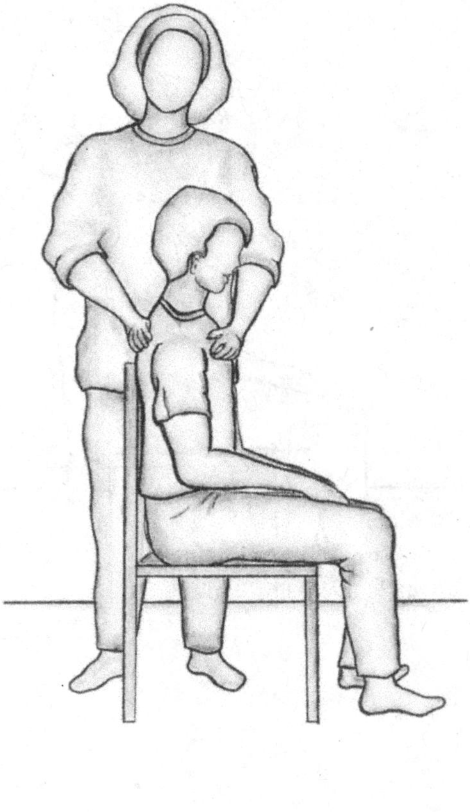

6- Raideur lombaire côté droit

MAIN DROITE SUR LA PARTIE
DOULOUREUSE DE LA RÉGION LOMBAIRE

MAIN GAUCHE À L'AVANT DU CORPS,
EN FACE DE LA RÉGION DOULOUREUSE

Figure 52
Raideur lombaire

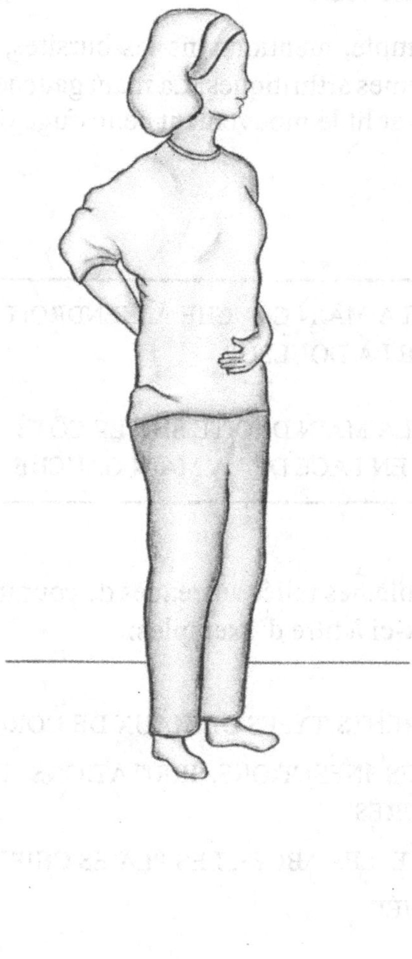

L'UTILISATION DES ANTÉRIEURS-POSTÉRIEURS DANS LES CAS D'EXCÈS DE COURANT POSITIF

La douleur causée par un excès de courant positif entraîne généralement l'un des symptômes suivant:

- œdème,
- irritation,
- inflammation,
- infection,
- rougeur et chaleur.

À titre d'exemple, mentionnons les bursites, maux de gorge, cystites et problèmes arthritiques. La main gauche, qui est conductrice du froid, rétablit le mouvement centrifuge de l'énergie.

Technique

PLACEZ LA MAIN GAUCHE À L'ENDROIT OÙ SIÈGE LA DOULEUR

ET

PLACEZ LA MAIN DROITE SUR LE CÔTÉ OPPOSÉ, EN FACE DE LA MAIN GAUCHE.

Parmi les problèmes reliés aux excès de courant positif, on peut mentionner ceux-ci à titre d'exemples:

- LES DIFFÉRENTS TYPES DE MAUX DE GORGE
- TOUTES LES INFECTIONS, IRRITATIONS, INFLAMMATIONS OU BLESSURES
- L'ARTHRITE, LES ABCÈS, LES PLAIES CHIRURGICALES
- LA DIARRHÉE

QUELQUES ILLUSTRATIONS RELIÉES AUX EXCÈS DE COURANT POSITIF

1- Maux de gorge
(amygdalites, laryngites, etc.)

MAIN GAUCHE SUR LA GORGE

MAIN DROITE DERRIÈRE LE COU

Figure 53
Maux de gorge

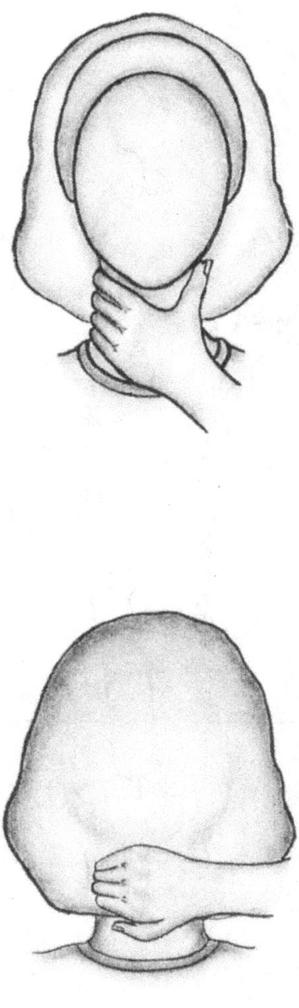

2- Infections, irritations, inflammations, blessures
(exemple: inflammation urinaire)

MAIN GAUCHE À L'ENDROIT OÙ SIÈGE LA DOULEUR (au niveau de la vessie)

MAIN DROITE SUR LE CÔTÉ OPPOSÉ

Figure 54
Infections

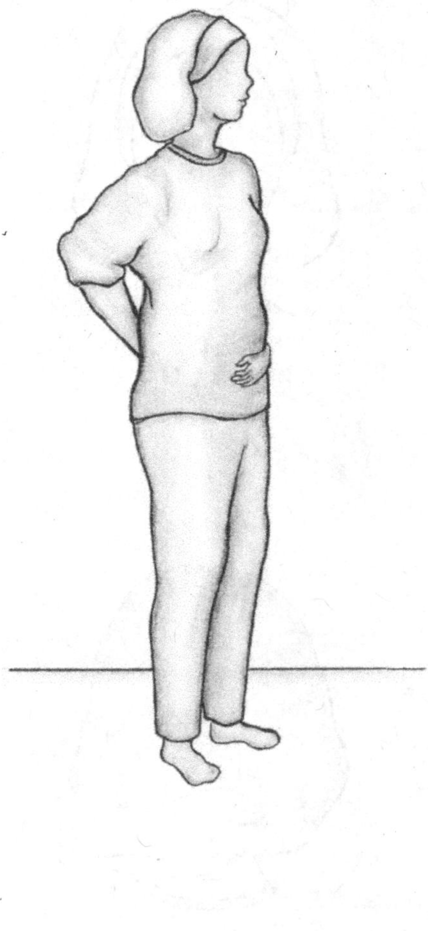

3- Arthrite accompagnée de douleur et rougeur
(exemple: au genou droit)

MAIN GAUCHE SUR LE GENOU

MAIN DROITE DERRIÈRE LE GENOU

Figure 55
Arthrite

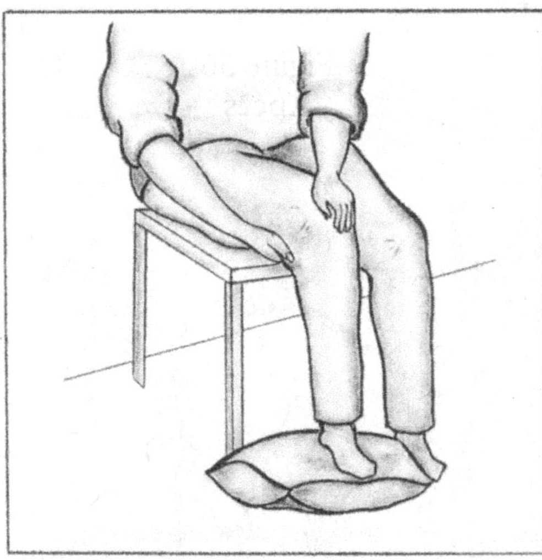

4- Abcès
(exemple: à l'abdomen)

MAIN GAUCHE SUR LE SITE
DE L'ABCÈS

MAIN DROITE EN FACE
DE l'AUTRE MAIN

(peut être utilisé à la suite du drainage d'un abcès)

Figure 56
Abcès

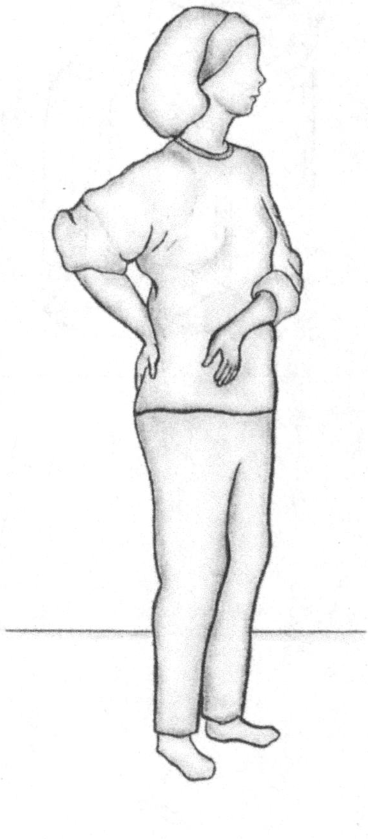

5- Plaie chirurgicale
(exemple: après une hystérectomie,
après l'ablation de la
vésicule biliaire, etc.)

MAIN GAUCHE SUR LA PLAIE
(exemple: au niveau de la vésicule biliaire, à droite)

MAIN DROITE EN FACE
DE L'AUTRE MAIN

Figure 57
Plaie chirurgicale

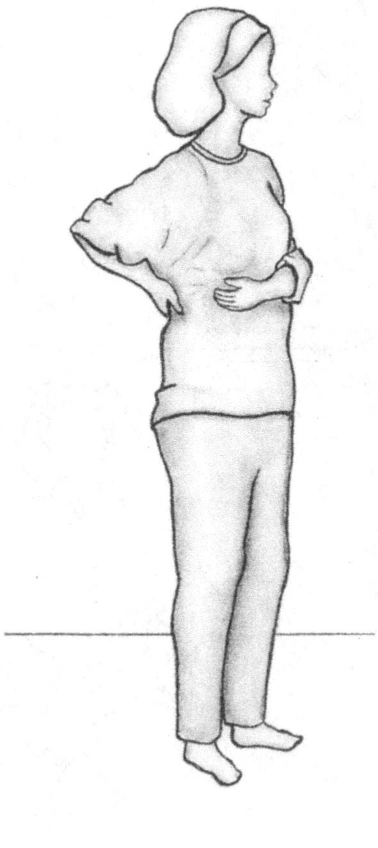

6- Diarrhée

MAIN GAUCHE SUR LE VENTRE

MAIN DROITE SUR LA RÉGION
SACRO-LOMBAIRE

Figure 58
Diarrhée

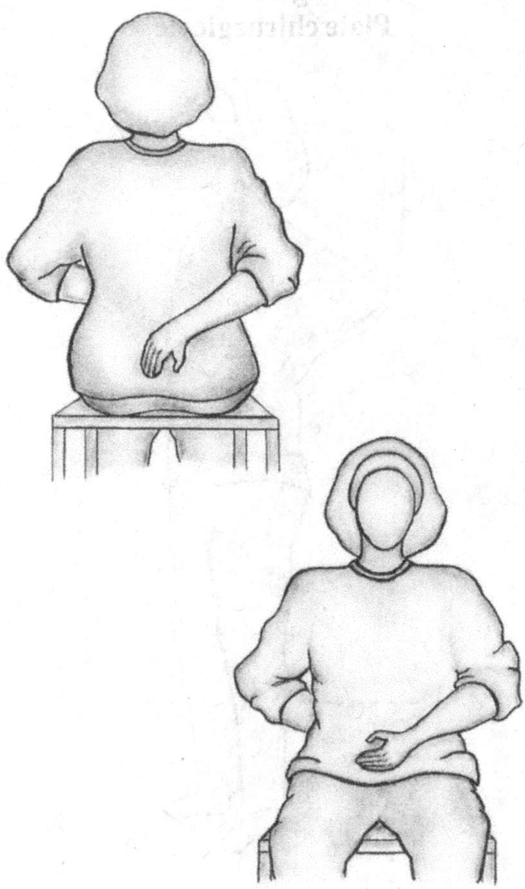

Chapitre 10
L'UTILISATION DE L'AUTOPOLARITÉ AVEC LES CORRESPONDANCES POUR RELÂCHER LA DOULEUR

«La vie doit circuler pour s'exprimer.»
Dr Randolf Stone, *Le mystérieux sacrum,* vol. 4 (v.f.), p. 2.

L'UTILISATION DE L'AUTOPOLARITÉ AVEC LES CORRESPONDANCES POUR RELÂCHER LA DOULEUR

Nous avons vu précédemment que les membres correspondaient l'un avec l'autre:

- orteils et doigts,
- pieds et mains,
- chevilles et poignets,
- jambes et bras,
- hanches et épaules.

C'est avec ces connaissances que nous allons appliquer les mouvements d'autopolarité. Ceux-ci seront surtout utiles pour les douleurs situées aux membres supérieurs et inférieurs.

Comme nous l'avons fait avec les antérieurs-postérieurs, nous allons effectuer les contacts de polarité en tenant compte des excès de courant positif ou négatif. **Rappelons que nous pouvons**

reconnaître les excès de courant positif et négatif aux signes suivants:

POSITIF	NÉGATIF
• DOULEUR	• DOULEUR
• CHALEUR-ROUGEUR	• SPASME
• IRRITATION-INFLAMMATION	• TENSION-CONTRACTION
• ŒDÈME	• CONGESTION

L'UTILISATION DES CORRESPONDANCES DANS LES CAS D'EXCÈS DE COURANT NÉGATIF

Technique

PLACEZ LA MAIN DROITE
À L'ENDROIT OÙ SIÈGE
LA DOULEUR
ET
PLACEZ LA MAIN GAUCHE SUR
LE MEMBRE CORRESPONDANT,
EN POLARISANT EN LATÉRALE
OU EN DIAGONALE.

QUELQUES ILLUSTRATIONS RELIÉES AUX EXCÈS DE COURANT NÉGATIF

1- Arthrose au gros orteil gauche

POUCE ET INDEX DE LA MAIN DROITE
SUR LE GROS ORTEIL GAUCHE

POUCE ET INDEX DE LA MAIN GAUCHE
SUR LE POUCE DROIT

Figure 59
Arthrose

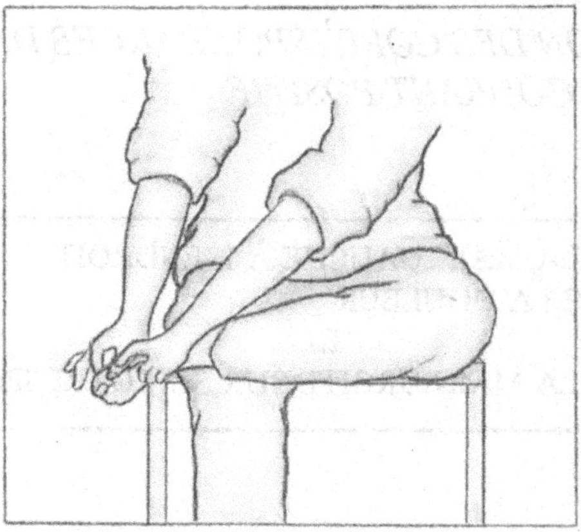

2- Raideur du genou droit (non inflammatoire)

MAIN DROITE SUR LE GENOU DROIT
MAIN GAUCHE SUR LE COUDE DROIT

Figure 60
Raideur du genou

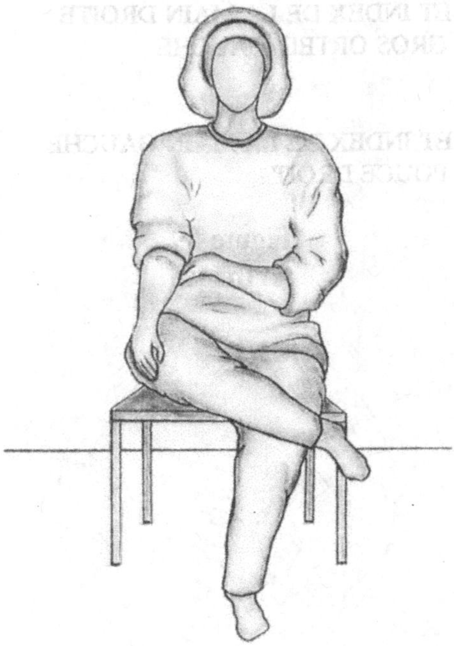

L'UTILISATION DES CORRESPONDANCES DANS LES CAS D'EXCÈS DE COURANT POSITIF

Technique

PLACEZ LA MAIN GAUCHE À L'ENDROIT
OÙ SIÈGE LA DOULEUR
ET
PLACEZ LA MAIN DROITE SUR SA CORRESPONDANCE

QUELQUES LLUSTRATIONS RELIÉES
AUX EXCÈS DE COURANT POSITIF

1- Bursite à l'épaule droite

MAIN GAUCHE SUR L'ÉPAULE DROITE

MAIN DROITE SUR LA HANCHE DROITE OU GAUCHE

Il est impossible d'effectuer l'autopolarité lorsque la douleur se situe à l'épaule gauche. On doit alors demander l'aide d'une autre personne.

Figure 61
Bursite à l'épaule droite

2- Arthrite avec rougeur au coude droit

MAIN GAUCHE SUR LE COUDE DROIT

MAIN DROITE SUR LE GENOU DROIT OU GAUCHE

Il est impossible d'effectuer l'autopolarité du coude gauche. On doit alors demander l'aide d'une autre personne.

Figure 62
Arthrite avec rougeur au coude droit

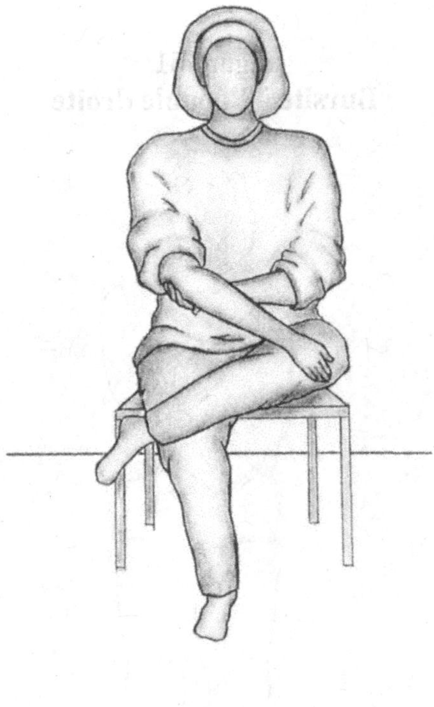

3- Œdème de la cheville gauche

MAIN GAUCHE SUR LA CHEVILLE GAUCHE

MAIN DROITE SUR LE POIGNET GAUCHE

Cette autopolarité peut aussi s'appliquer à la cheville droite.

Figure 63
Œdème

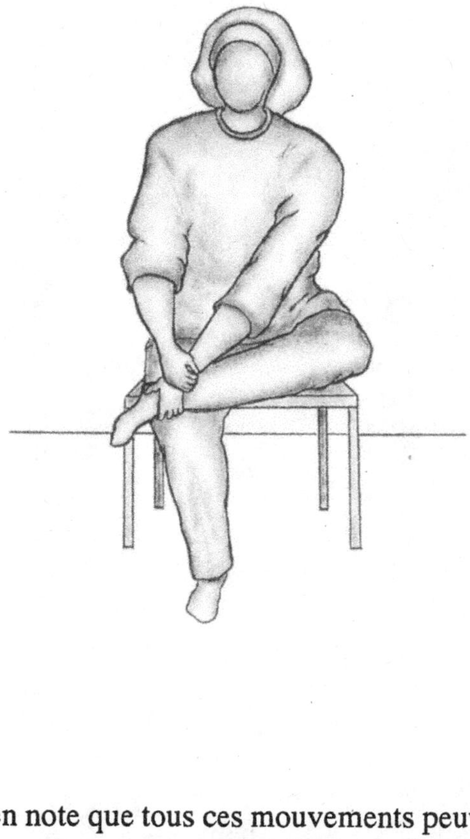

Prenez bien note que tous ces mouvements peuvent être effectués sur vous par une autre personne et que le contact peut être maintenu de dix à vingt minutes ou jusqu'à ce que la douleur disparaisse. Ces contacts peuvent être répétés plusieurs fois par jour, selon la gravité du problème.

Chapitre 11
L'UTILISATION DE L'AUTOPOLARITÉ AVEC LES LATÉRALES POUR RELÂCHER LA DOUBLEUR

«La direction latérale des impulsions
d'énergie correspond à l'est et
à l'ouest des courants
du cosmos.»

Dr Randolf Stone, vol. 1 (v.f.), p. 14.

L’UTILISATION DE L’AUTOPOLARITÉ AVEC LES LATÉRALES POUR RELÂCHER LA DOULEUR

Ce type d’autopolarité s’effectue pour remettre en mouvement l’énergie du côté droit et du côté gauche du corps. Il s’agit d’un mouvement que l’on fait naturellement lorsque l’on ressent une douleur. En effet, si l’on a mal au ventre ou si l’on a les yeux fatigués ou secs, on portera spontanément les mains à ces endroits.

La durée d’application des mains variera entre dix et vingt minutes. La disparition du malaise ou de la douleur servira d’indicateur de durée.

Technique

POLARISEZ-VOUS EN PLAÇANT VOS MAINS
DE CHAQUE CÔTÉ DE VOTRE CORPS
OU DES MEMBRES QUI SONT AFFECTÉS,
SI C’EST POSSIBLE.

LA MAIN DROITE SUR LE CÔTÉ DROIT
ET LA MAIN GAUCHE SUR LE CÔTÉ GAUCHE

Figure 64
Latérales

1- Genou

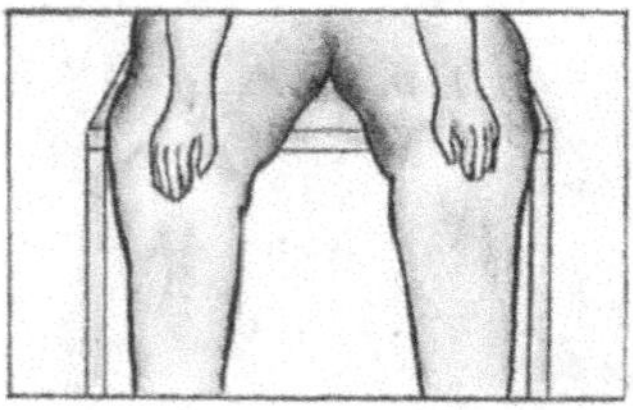

2- Cuisse

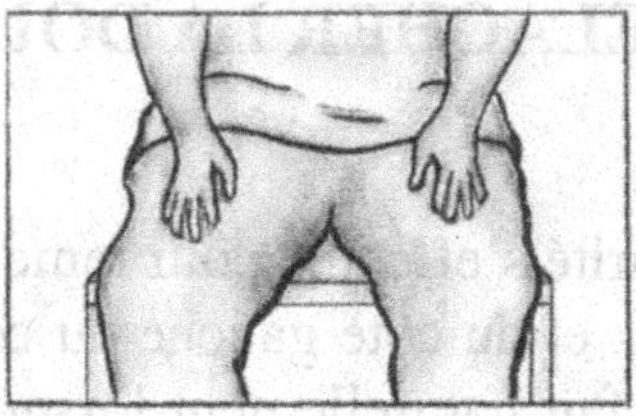

3- Abdomen

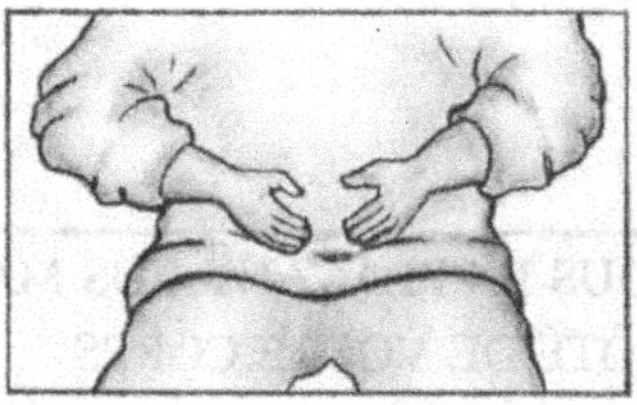

4- Poitrine

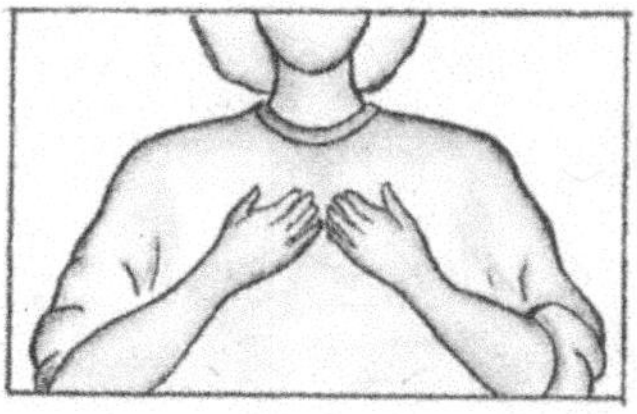

5- Yeux

6- Oreilles

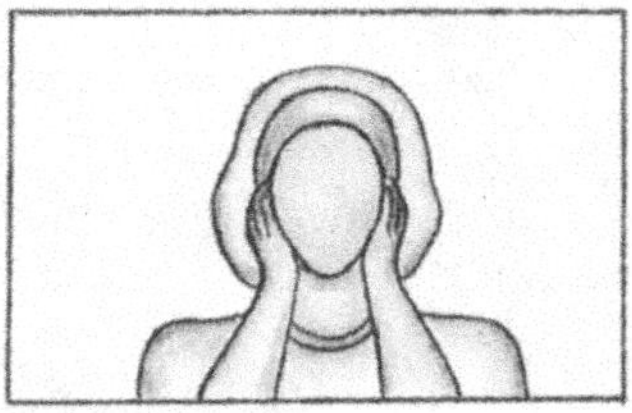

Chapitre 12
L'UTILISATION DE L'AUTOPOLARITÉ POUR DES PROBLÈMES PRÉCIS

«Le principe de l'énergie s'avère
atomique dans son concept
et il correspond à une
science du futur.»

Dr Randolf Stone, vol. 1 (v.f.), p. 4.

L'UTILISATION DE L'AUTOPOLARITÉ POUR DES PROBLÈMES PRÉCIS

La série d'autopolarités qui suit peut vous être utile dans le quotidien. Les manipulations sont faciles à faire, mais elles exigent fréquemment la participation d'une autre personne. Ces manipulations ne peuvent remplacer les sessions complètes de polarité ou le suivi médical, mais elles constituent un outil complémentaire pour faire face à certains problèmes courants:

- maux de tête;
- début de migraine;
- asthme;
- problèmes cardiaques;
- hypertension et hypotension;
- grippe avec sinus bloqués;
- engorgement du foie;
- tension dans la région cervicale;
- tension du dos.

MAUX DE TÊTE

Les maux de tête peuvent être d'origines diverses et il existe plusieurs façons de les traiter. L'autopolarité constitue une intervention naturelle pour soulager la douleur, mais il est important de découvrir la cause du mal de tête. Les études démontrent que 3 % des maux de tête sont provoqués par des maladies graves alors que 97 % sont d'origine fonctionnelle[1]. La cause la plus fréquente est le stress mais on peut également incriminer l'alimentation. Le Dr Stone soutient que plusieurs maux de tête sont causés par un problème de digestion et d'assimilation des aliments. D'autres facteurs, tels que l'environnement, les conditions atmosphériques, certains médicaments et l'alcool, peuvent également être mis en cause.

Autopolarité pour soulager les maux de tête

La majorité des causes énumérées ci-dessus ont un effet sur la vasoconstriction et la vasodilatation des centres. Il importe donc de découvrir si le mal de tête est produit par une anémie ou par une hyperémie des centres.

Le test est simple à effectuer:

BAISSEZ LA TÊTE ET OBSERVEZ SI LA DOULEUR AUGMENTE OU DIMINUE.

1. Michel Vézina, *Le casse-tête des migraines,* CLSC Laurentien, 1983, Québec.

A- VOUS BAISSEZ LA TÊTE ET LA DOULEUR DIMINUE

Autopolarité lorsque la douleur diminue
Durée: de 15 à 20 minutes

1- MAIN GAUCHE SUR LE FRONT

MAIN DROITE SUR LE COU

Figure 65
A) Maux de tête, mouvement nº 1

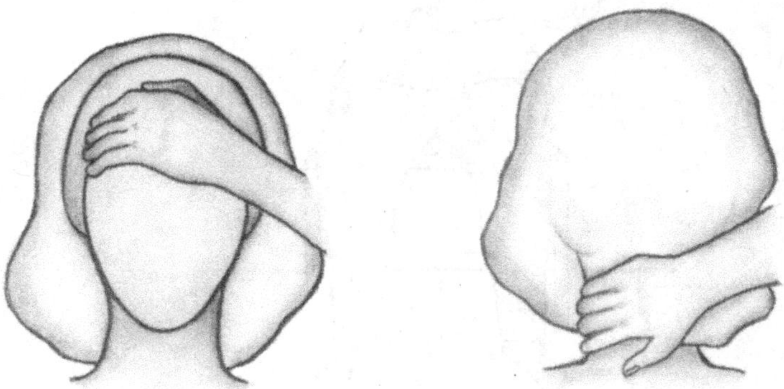

2- MAIN GAUCHE SUR LE FRONT

MAIN DROITE SUR L'ABDOMEN

Figure 66
A) Maux de tête, mouvement nº 2

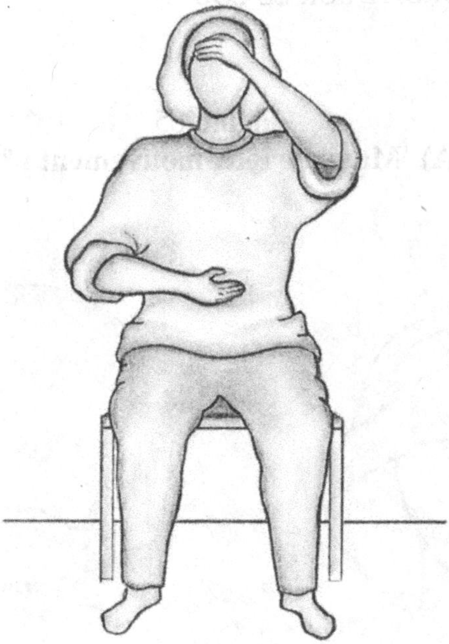

Éviter de faire une stimulation au niveau de la colonne vertébrale, soit par des pressions ou encore par une application de chaleur, parce qu'il y a déjà une vasodilatation de surface.

B- VOUS BAISSEZ LA TÊTE ET LA DOULEUR AUGMENTE

Autopolarité lorsque la douleur augmente
Durée: de 15 à 20 minutes

1- MAIN DROITE SUR LE FRONT
MAIN GAUCHE À LA BASE DE L'OCCIPUT EN SOULEVANT

Figure 67
B) Maux de tête, mouvement nº 1

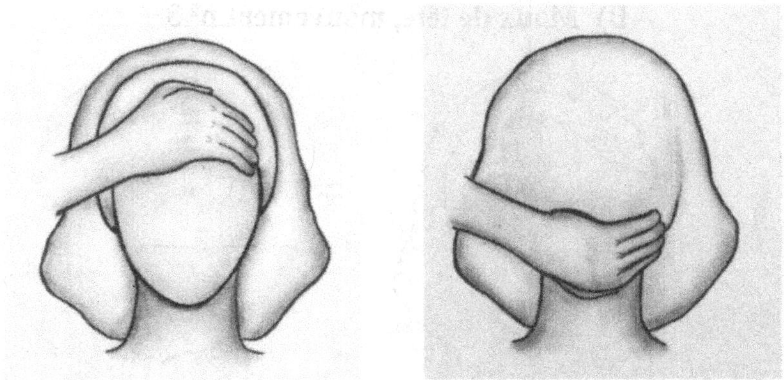

2- MAIN GAUCHE À LA BASE DE L'OCCIPUT
INDEX ET MAJEUR DE LA MAIN DROITE SOUS
LE STERNUM AVEC UN MOUVEMENT ASCENDANT

Figure 68
B) Maux de tête, mouvement nº 2

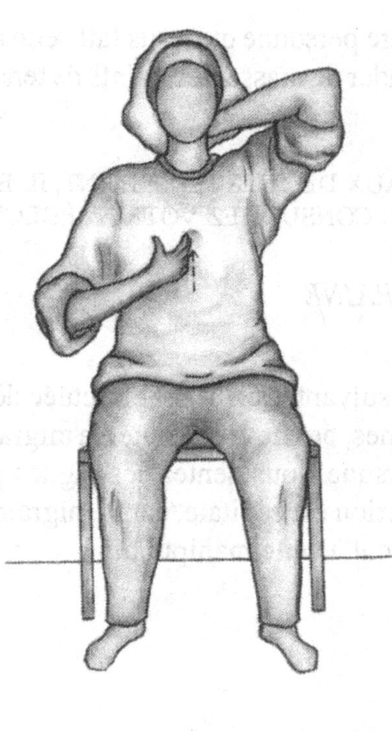

3- MAIN DROITE SUR LE FRONT
POUCE OU DOIGTS DE LA MAIN GAUCHE
SUR LES POINTS DOULOUREUX DU COU

Figure 69
B) Maux de tête, mouvement nº 3

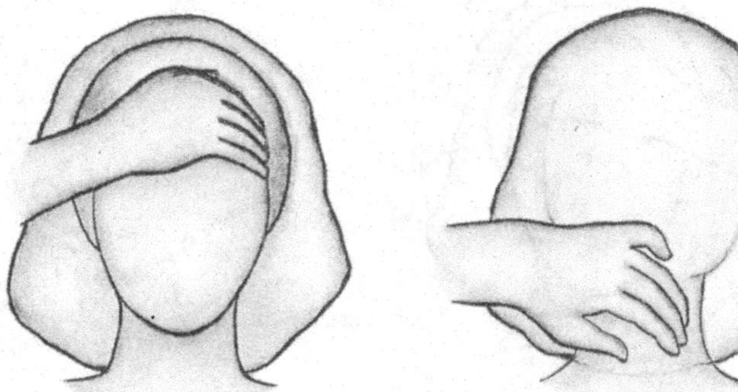

Si c'est une autre personne qui vous fait cette autopolarité, vous pourrez lui demander de masser les points de tension au niveau des épaules.

NOTE: SI LES MAUX DE TÊTE PERSISTENT, IL EST IMPORTANT QUE VOUS CONSULTIEZ VOTRE MÉDECIN.

DÉBUT DE MIGRAINE

L'autopolarité suivante, si elle est effectuée dès l'apparition des premiers symptômes, permettra d'éviter la migraine. Effectuez ces manipulations lorsque vous sentez les signes précurseurs de la migraine. Cette action est capitale, car la migraine, une fois installée, répond rarement à cette manipulation.

Autopolarité pour le début de migraine
Durée: de 15 à 20 minutes

COUCHÉ SUR LE DOS OU SUR LE CÔTÉ,
VOUS POLARISEZ DU CÔTÉ DE LA DOULEUR.

SI LA DOULEUR EST LOCALISÉE AU CÔTÉ GAUCHE,
PLACEZ VOTRE MAIN DROITE
SUR LA RÉGION DU COU, À GAUCHE
MAIN GAUCHE AU PÉRINÉ[1], DU CÔTÉ GAUCHE

SI LA DOULEUR EST LOCALISÉE AU CÔTÉ DROIT,
PLACEZ VOTRE MAIN GAUCHE SUR LE COU, À DROITE
MAIN DROITE AU PÉRINÉ, DU CÔTÉ DROIT

Figure 70
Migraine

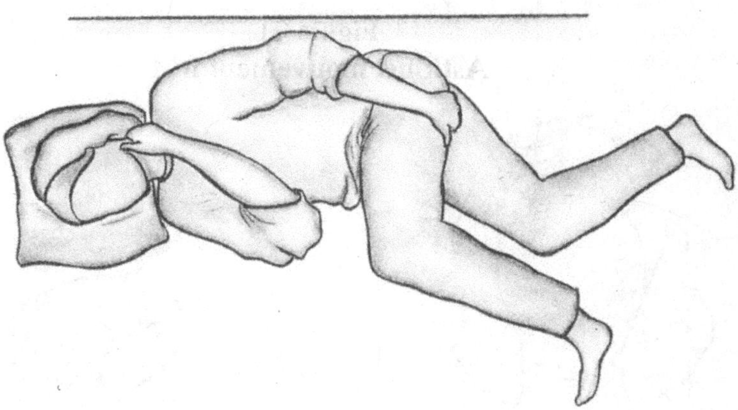

1. Le périné est un muscle qui entoure et qui soutient les organes génitaux. Pour cette autopolarité, on place la main à l'intérieur de la cuisse et l'on glisse sur l'ischion. Le point de contact se situe pour la femme sur le côté des grandes lèvres, et pour les hommes entre le scrotum et l'anus.

ASTHME

L'asthme est une affection respiratoire qui a de multiples causes et qui provoque une grande détresse respiratoire. La meilleure intervention en polarité consistera à relâcher le prana, c'est-à-dire le principe de l'air. Les manipulations décrites ci-dessous vous permettront de désarmorcer la crise à ses débuts ou elles vous aideront à la réduire.

Autopolarité pour l'asthme
Durée: 15 minutes

EN POSITION ASSISE

1- MAIN GAUCHE SUR LES VERTÈBRES CERVICALES DOULOUREUSES

MAIN DROITE SUR LA TÊTE (15 minutes environ)

Figure 71
Asthme, mouvement nº 1

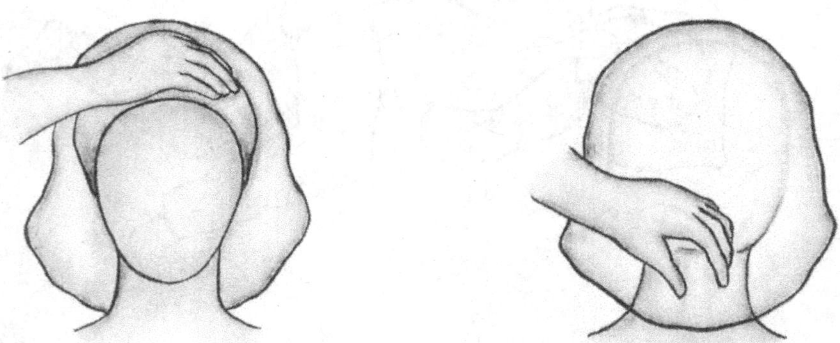

2- MAIN GAUCHE SUR LA PARTIE SUPÉRIEURE DES VERTÈBRES DORSALES (application très légère)

MAIN DROITE SUR LE HAUT DE LA POITRINE, SUR LE FRONT OU À L'ARRIÈRE DE LA TÊTE
(Utilisez la position qui vous soulage le plus.)

Figure 72
Asthme, mouvement nº 2

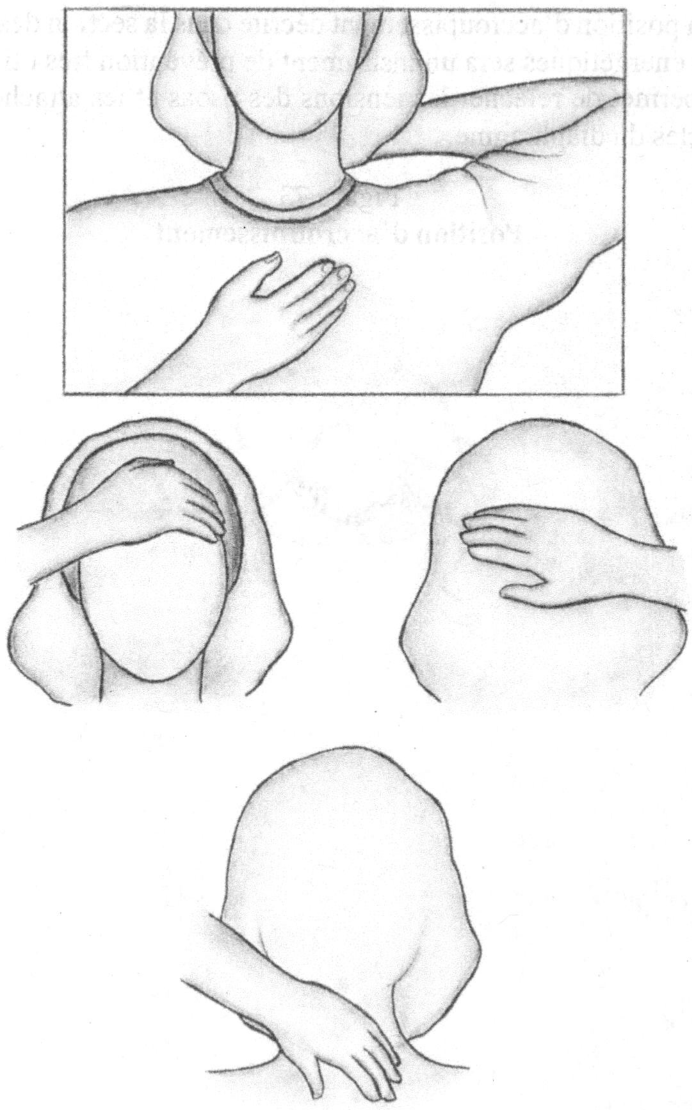

Technique de la serviette

Appliquez sur la région dorsale supérieure une serviette d'eau froide dont les dimensions ne dépassent pas dix centimètres (quatre pouces) de côté, de manière à ne pas couvrir le dos. Cette application, très localisée, a une durée de cinq minutes; on la répète au besoin. L'eau froide permet une vasoconstriction de surface alors que l'utilisation de l'eau chaude augmenterait la crise.

Position d'accroupissement

La position d'accroupissement décrite dans la section des exercices énergétiques sera un instrument de prévention très utile, car elle permet de relâcher les tensions des psoas et les attaches des muscles du diaphragme.

Figure 73
Position d'accroupissement

PROBLÈMES CARDIAQUES

Notre préoccupation première sera ici d'effectuer le relâchement du principe de l'air. Les manipulations proposées pourront être appliquées QUOTIDIENNEMENT par un membre de la famille ou un ami. Il n'est pas possible de les faire soi-même.

Polarité des orteils et des doigts
Durée: de 1 à 2 minutes par contact

1- CONTACT AUX TROIS PREMIERS ORTEILS DE CHAQUE PIED AU NIVEAU DE LA PREMIÈRE JOINTURE EN DÉBUTANT PAR LE GROS ORTEIL

Figure 74
Polarité des orteils

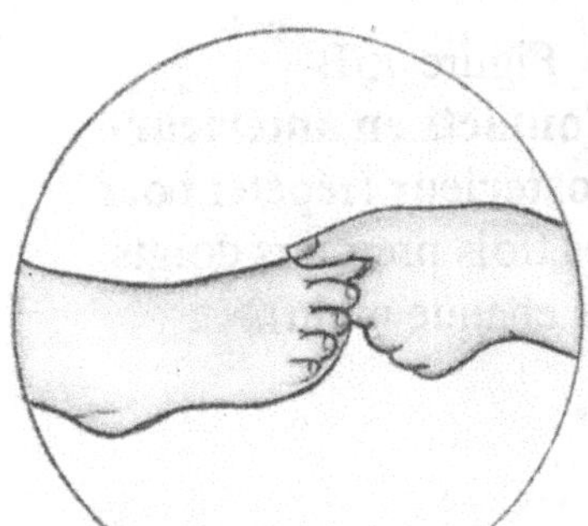

Figure 74A
Contacts en antérieur-postérieur (répéter pour les trois premiers orteils de chaque pied simultanément).

Figure 74B
Contacts en latérale (répéter pour les trois premiers orteils de chaque pied).

2- RÉPÉTEZ L'EXERCICE PRÉCÉDENT AVEC LES DOIGTS (pouce, index et majeur)

Figure 75
Polarité des doigts

Figure 75A
Contacts en latérale (répéter pour les trois premiers doigts de chaque main).

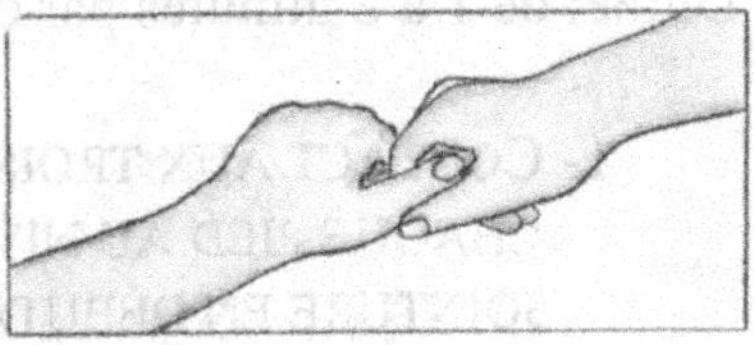

Figure 75B
Contacts en antérieur-postérieur (répéter pour les trois premiers doigts de chaque main).

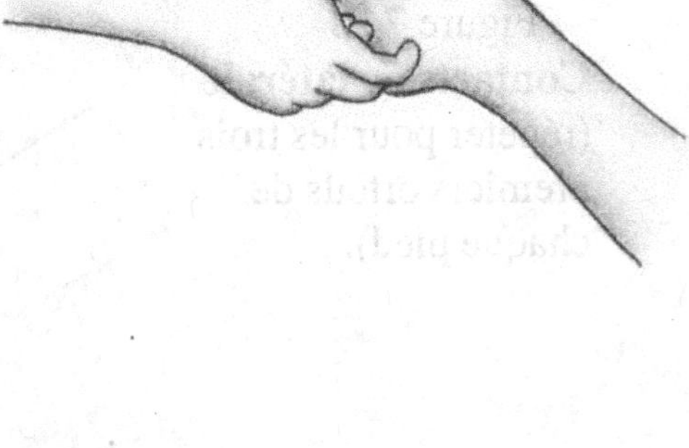

Polarité pour la libération du plexus brachial et massage des omoplates

Durée: de 15 à 20 minutes

1- MASSEZ BILATÉRALEMENT LE DESSUS DES ÉPAULES EN UTILISANT UN CONTACT FERME

Figure 76
Libération du plexus brachial

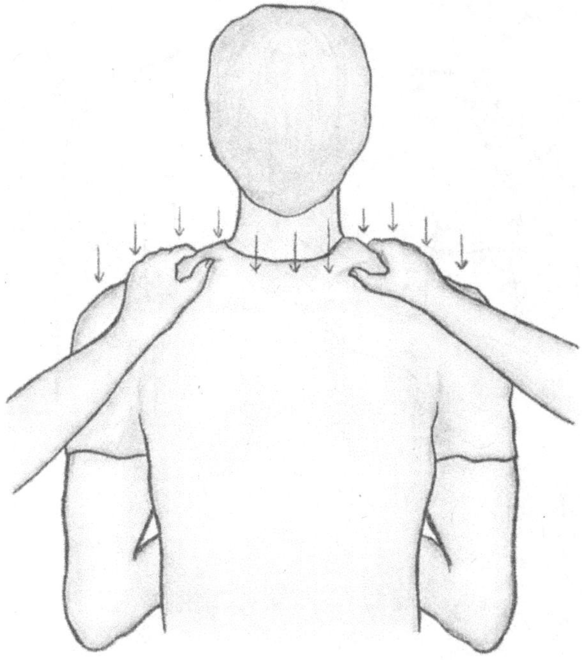

2- MASSEZ LE CONTOUR DES OMOPLATES EN PROFONDEUR

Figure 77
Dégagement des omoplates

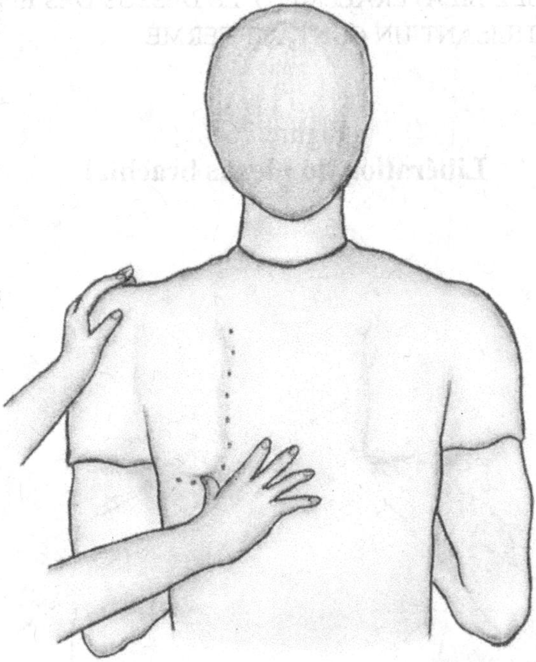

Ces deux mouvements aident à dégager la respiration et à régulariser les battements cardiaques. Ils procurent une grande détente.

Problème plus aigu

PLACEZ VOS DEUX POUCES ET VOS DEUX INDEX
SUR LA PREMIÈRE JOINTURE DU GROS ORTEIL GAUCHE.

DONNEZ ENSUITE DES PETITS COUPS SECS,
CE QUI AURA POUR EFFET DE STIMULER
LES ONDES CENTRALES D'ÉNERGIE.

Figure 78
Stimulation du gros orteil gauche

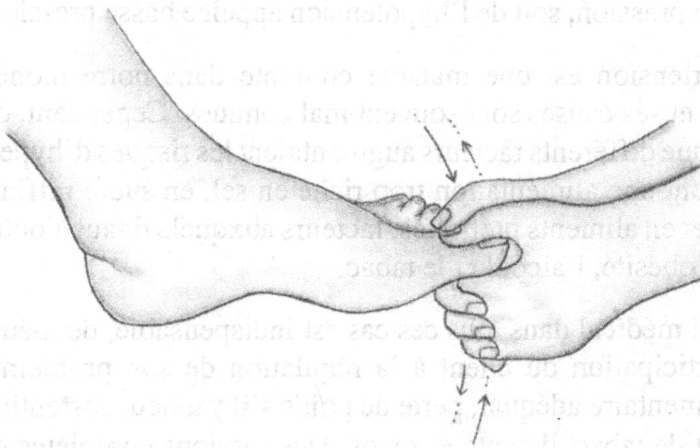

Note: Dans tous les cas de problème cardiaque, il faut éviter d'abandonner sa médication et il faut toujours poursuivre la démarche qu'on a entreprise avec son médecin.

HYPERTENSION ET HYPOTENSION

La tension artérielle est la force requise pour permettre la circulation du sang à travers le corps. Pour ce faire, le cœur doit se contracter et se dilater. Ces deux mouvements sont appelés phase systolique pour la contraction et phase diastolique pour la dilatation. Une systole se situe normalement à 120 et une diastole à 80, ce qui correspond à la maxima et à la minima de la tension artérielle.

Lorsque le rythme de ce mécanisme est perturbé pour diverses raisons, la personne fait soit de l'hypertension appelée communément haute pression, soit de l'hypotension appelée basse pression.

L'hypertension est une maladie courante dans notre monde occidental et ses causes sont souvent mal connues. Cependant, on a observé que différents facteurs augmentaient les risques d'hypertension, dont une alimentation trop riche en sel, en sucre raffiné, en viande et en aliments prétraités, facteurs auxquels il faut ajouter le stress, l'obésité, l'alcool et le tabac.

Le suivi médical dans tous ces cas est indispensable, de même que la participation du client à la régulation de son problème: régime alimentaire adéquat, perte de poids s'il y a lieu, abstention d'alcool et de tabac, détente et repos. Des sessions complètes de polarité et les exercices d'autopolarité décrits aux pages suivantes seront considérés comme des outils supplémentaires pour régulariser la situation.

Hypertension
Durée: quelques minutes

TROIS PASSES MAGNÉTIQUES DE HAUT EN BAS,
SANS TOUCHER LE CORPS

Utilisez les deux mains en polarisant le côté droit et le côté gauche à une distance de cinq à huit centimètres (de deux à trois pouces) du corps. **Descendre très lentement** à partir de la tête sur le devant du corps jusqu'au bout des orteils. Vous pouvez faire ce mouvement trois, six ou neuf fois consécutives. Le nombre de passes magnétiques à effectuer sera déterminé par le bien-être que vous ressentirez. Répétez au besoin.

Figure 79
Hypertension

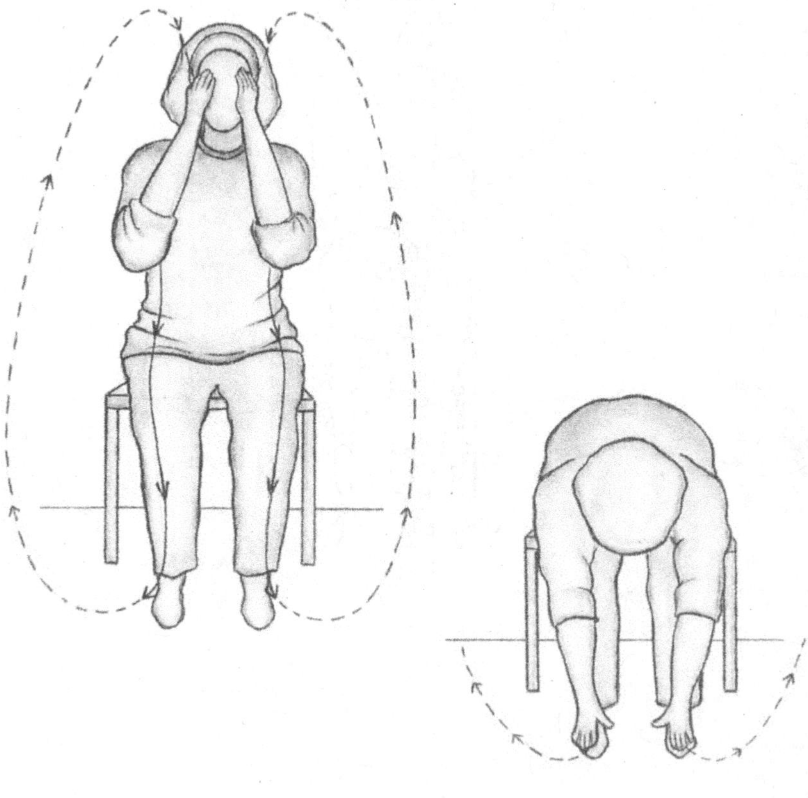

Hypotension
Durée: quelques minutes

TROIS PASSES MAGNÉTIQUES DE BAS EN HAUT,
DES ORTEILS JUSQU'AU-DESSUS DE LA TÊTE

Refaire les mêmes mouvements que précédemment mais cette fois de bas en haut. Répétez au besoin.

Figure 80
Hypotension

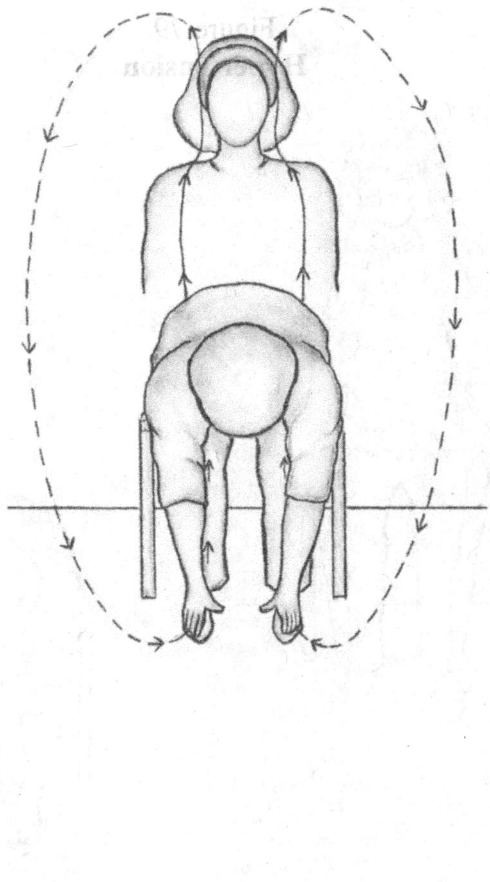

GRIPPE AVEC SINUS BLOQUÉS

Nous savons que la grippe est causée par un agent viral. Si l'organisme est affaibli, la vulnérabilité de la personne est augmentée. En plus de la fatigue, une stagnation du système d'élimination est souvent remarquée. Selon le Dr Stone, on observe généralement la présence d'un colon toxique dans les cas de grippe. Le rhume est le moyen que l'organisme prend pour éliminer l'acidité toxique contenue dans le système. Les différents moyens utilisés pour traiter la grippe une fois qu'elle est installée s'avèrent plus ou moins efficaces. Le meilleur moyen est donc la prévention.

En cas de grippe, on suggère le repos et une diète de liquides et de fruits pour quelques jours, le but étant de ne pas surcharger le système afin de permettre l'élimination des toxines.

Il est conseillé d'éviter les boissons qui contiennent du lait parce que ce produit favorise la production de mucus dans l'intestin. Il faut plutôt boire beaucoup d'eau et des jus de fruits, spécialement du jus de citron frais dilué dans de l'eau.

Si les sinus sont bloqués, il est recommandé de se rincer le nez avec de l'eau tiède contenant une cuillerée à thé de sel marin par verre.

Nettoyage du nez: technique

REMPLISSEZ UN VERRE D'EAU TIÈDE
AVEC DU SEL MARIN ET BIEN MÉLANGER.

PLACEZ-VOUS DEBOUT,
METTEZ VOTRE NEZ DANS LE VERRE,
PUIS AVALEZ PLUSIEURS FOIS.
LE MOUVEMENT PRODUIRA UNE SUCCION
QUI FERA REMONTER L'EAU SALÉE DANS VOTRE NEZ.
RÉPÉTEZ LE PROCÉDÉ À PLUSIEURS REPRISES,
PUIS MOUCHEZ-VOUS.

Figure 81
Nettoyage du nez

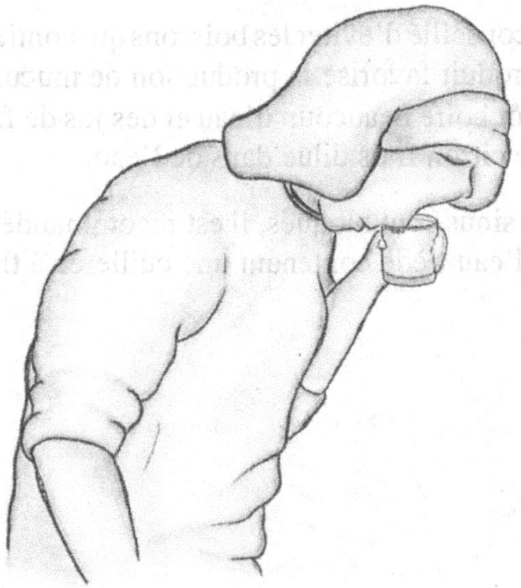

Il existe également une autre technique que l'on utilise dans le yoga, avec un appareil appelé le lota.

Exercice d'autopolarité pour soulager la congestion du nez, des sinus et de la tête

Durée: de 5 à 10 minutes

COUCHEZ-VOUS SUR LE VENTRE,
LES JAMBES REPLIÉES VERS LE HAUT.
APPUYEZ VOTRE TÊTE SUR VOS AVANT-BRAS,
VOS JAMBES SE BALANÇANT DE L'EXTÉRIEUR
VERS L'INTÉRIEUR EN SE CROISANT AU CENTRE.
LE DEGRÉ D'OUVERTURE DES JAMBES
SERA DÉTERMINÉ PAR LA TENSION RESSENTIE
DANS L'ARTICULATION DE LA HANCHE.

Figure 82
Exercice pour soulager la congestion du nez, des sinus et de la tête

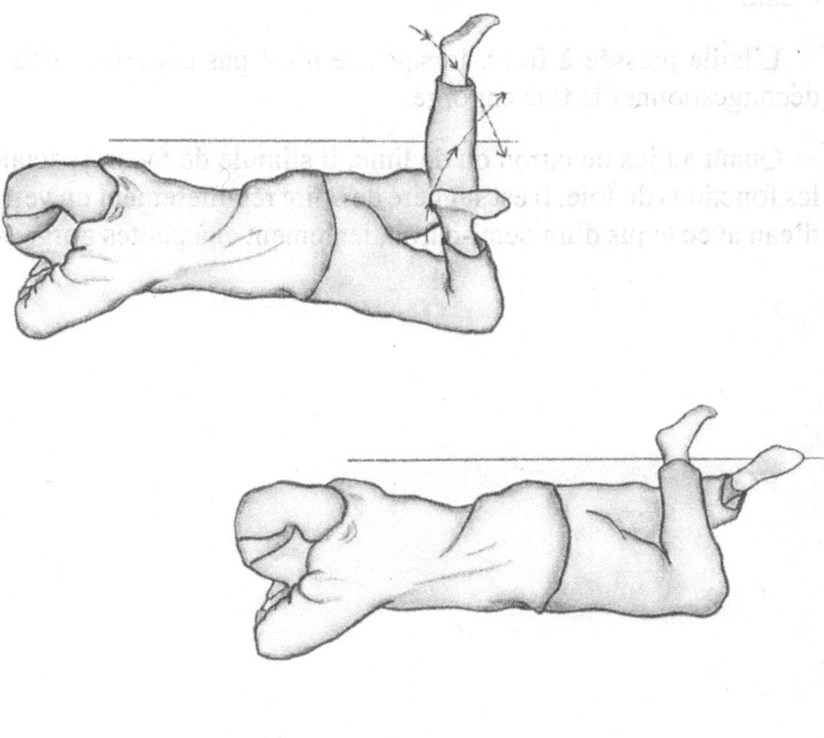

ENGORGEMENT DU FOIE

Le foie est le plus grand organe de transformation chimique du corps. Il emmagasine, transforme et distribue tous les éléments nécessaires à l'ensemble de l'organisme.

Il est essentiel de le maintenir en bon état pour qu'il puisse remplir ses fonctions adéquatement. Une alimentation pauvre en gras, en sucre, en amidon et en viande rouge sera un élément important pour le maintien d'un foie en santé.

À titre de moyen préventif, le Dr Stone suggère le nettoyage quotidien du foie.

Pour ce faire, il suffit de prendre chaque matin en vous levant de une à trois cuillerées à thé d'huile d'olive de première pression à froid et le jus d'un demi-citron frais pressé, dilué dans un verre d'eau.

L'huile pressée à froid, lorsqu'elle n'est pas chauffée, aide à décongestionner le foie engorgé.

Quant au jus de citron ou de lime, il stimule de façon spéciale les fonctions du foie. Il est suggéré de boire régulièrement un verre d'eau avec le jus d'un demi-citron, lentement et à petites gorgées.

Autopolarité pour un foie engorgé
Durée: 20 minutes

MAIN GAUCHE AU NIVEAU DU COU

MAIN DROITE AU NIVEAU DU FOIE

Figure 83
Autopolarité pour l'engorgement du foie

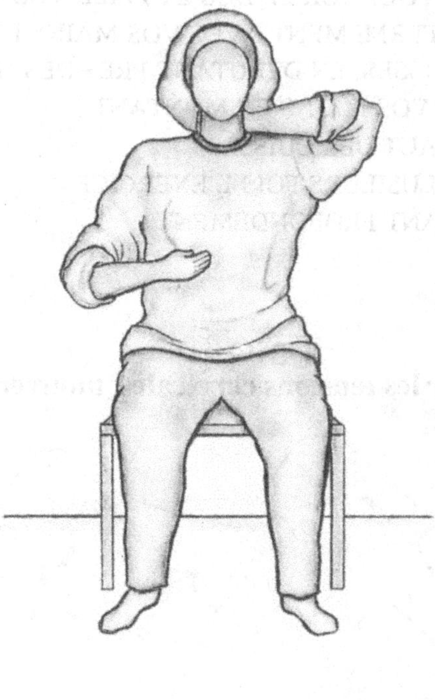

TENSIONS DE LA RÉGION CERVICALE

Les causes de tension dans le cou peuvent être très variées. La plus fréquente est le stress, mais il faut également mentionner les traumatismes qui nécessitent généralement un suivi plus particulier.

Exercice d'autopolarité pour les tensions cervicales
Durée: quelques minutes par jour

1- COUCHEZ-VOUS SUR LE DOS ET PLIEZ VOS JAMBES. SAISISSEZ FERMEMENT AVEC VOS MAINS L'INTÉRIEUR DE VOS CUISSES, EN DÉBUTANT PRÈS DES GENOUX. DÉPLACEZ VOS MAINS EN MONTANT VERS LE HAUT DES CUISSES. RÉPÉTEZ PLUSIEURS FOIS L'EXERCICE EN RESPIRANT PROFONDÉMENT.

Figure 84
Exercice pour les tensions cervicales, mouvement nº 1

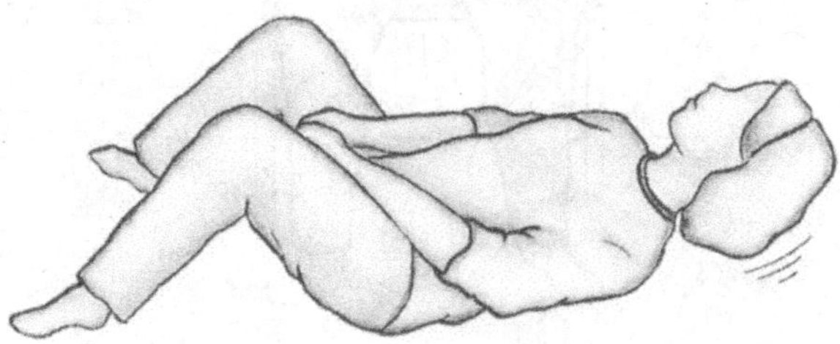

2- GARDEZ VOS MAINS À L'INTÉRIEUR DE VOS CUISSES ET ALLONGEZ VOS JAMBES, CE QUI AURA POUR EFFET DE SOULEVER VOTRE TÊTE ET VOTRE DOS.

Figure 85
Exercice pour les tensions cervicales, mouvement nº 2

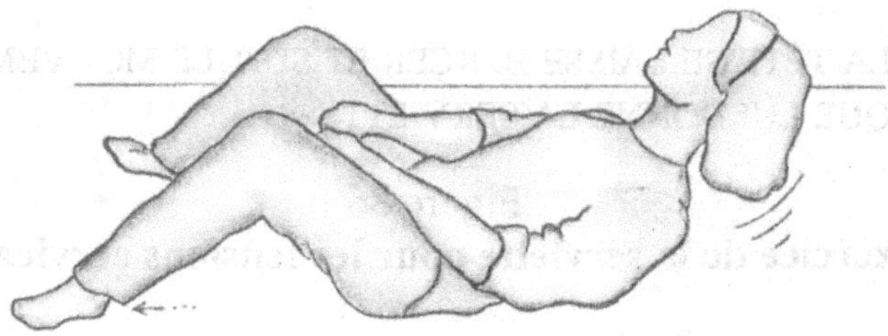

Au point de vue préventif, cet exercice devrait être effectué tous les jours. Les muscles intérieurs des cuisses produisent un réflexe de polarité au niveau des muscles antérieurs des épaules, de la gorge et du cou. Pour relâcher les muscles postérieurs du cou et des épaules, on s'autopolarise à l'aide des muscles extérieurs des cuisses. Cet exercice est également efficace dans les cas de torticolis.

Exercice de la serviette pour détendre la région cervicale
Durée: 5 minutes

COUCHEZ-VOUS SUR LE DOS.
PLACEZ SOUS LE COU UNE SERVIETTE DE PLAGE PLIÉE DANS LE SENS DE LA LONGUEUR.

DEMANDEZ À QUELQU'UN DE PRENDRE LES DEUX EXTRÉMITÉS DE LA SERVIETTE ET D'EFFECTUER UN LÉGER MOUVEMENT DE VA-ET-VIENT À DROITE ET À GAUCHE EN ALTERNANCE. LA POSITION LA PLUS CONFORTABLE POUR LA PERSONNE QUI EFFECTUE LE MOUVEMENT EST À GENOUX.

LA TÊTE SE LAISSE BERCER ET SUIT LE MOUVEMENT QUE LUI DONNE LA SERVIETTE.

Figure 86
Exercice de la serviette pour les tensions cervicales

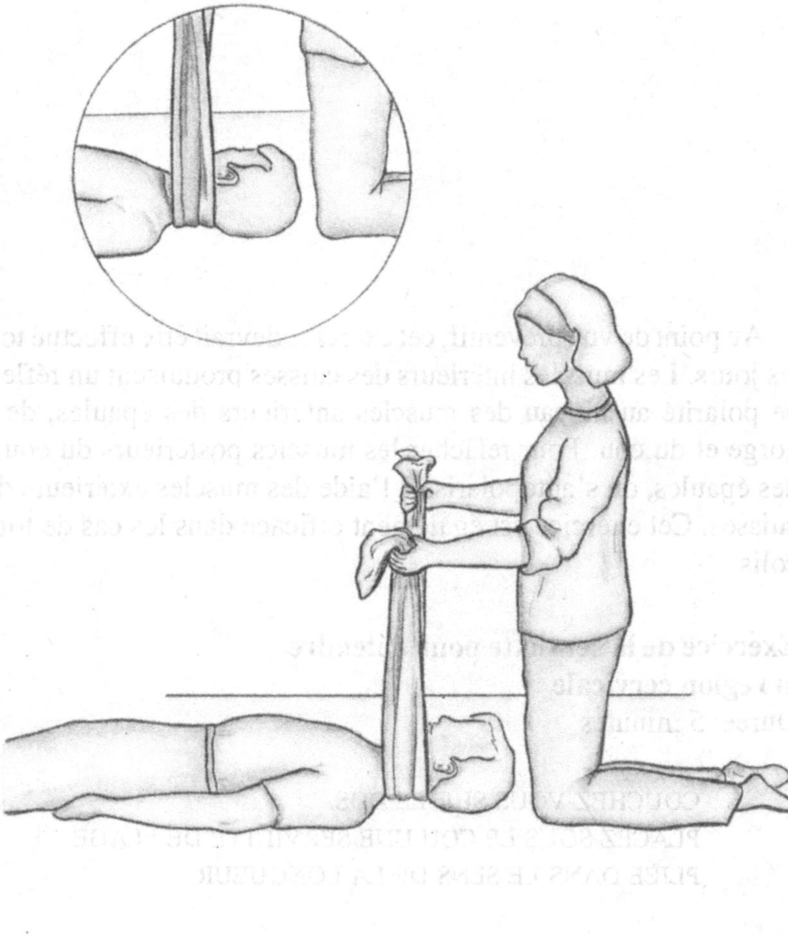

Autopolarités en latérale pour le cou
Durée: de 5 à 10 minutes tous les jours

1- PLACEZ LES MAINS EN LATÉRALE SUR LA PARTIE POSTÉRIEURE DE LA TÊTE ET DU COU.

Figure 87
Autopolarité en latérale pour le cou, mouvement nº 1

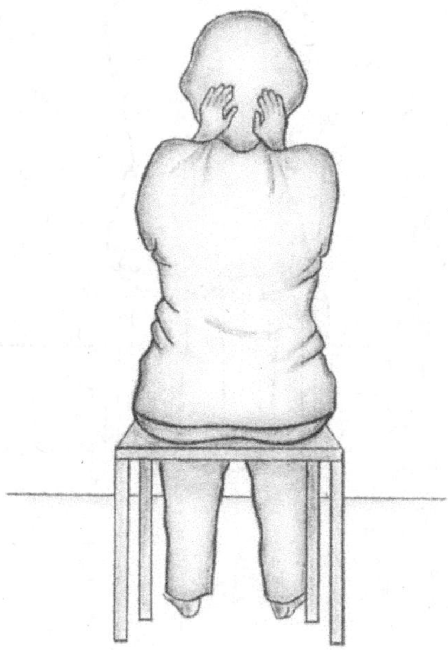

2- PLACEZ LES MAINS DE CHAQUE CÔTÉ DU COU

Figure 88
Autopolarité en latérale pour le cou, mouvement nº 2

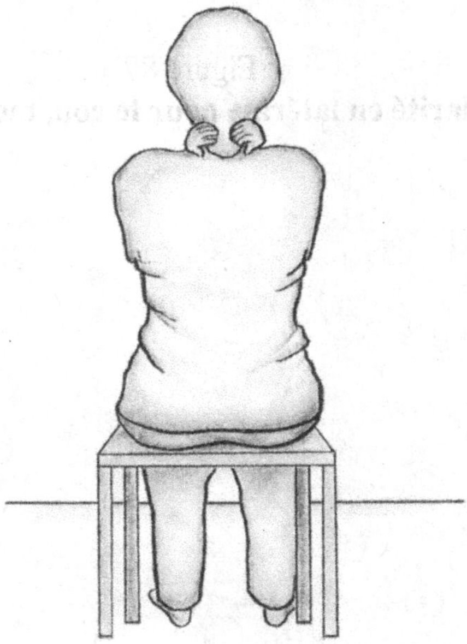

TENSIONS DU DOS

Les épaules et le dos sont des parties sensibles au stress. Les expressions: «s'en mettre trop sur les épaules» ou encore «en avoir plein de dos» présentent clairement l'origine d'une grande partie des maux de dos. À ce stress s'ajoutent les mauvaises postures, le type de travail effectué, les traumatismes divers et les problèmes congénitaux.

Le bref exercice de polarité qui suit vous aidera à soulager vos tensions et douleurs dorsales. Le temps que vous y consacrerez constituera un moment privilégié de détente pour le donneur autant que pour le receveur.

Assurez-vous d'être dans un endroit où vous ne serez pas dérangé. Installez-vous confortablement. Si vous en avez le désir, vous pouvez écouter une musique douce. Avant de commencer l'exercice, prenez quelques instants pour faire le calme à l'intérieur de vous-même (voir l'annexe sur l'exercice de centration).

Polarité pour les tensions du dos
Durée: 30 minutes

1- LE DONNEUR:
SE CENTRER (attendez d'être vraiment prêt, vraiment bien centré avant de faire le contact avec la personne)

2- LE RECEVEUR:
SE COUCHER SUR LE DOS AVEC UN COUSSIN SOUS LES GENOUX.
FERMER LES YEUX ET RESPIRER DOUCEMENT.

3- CONTACT À LA TÊTE OU AUX ÉPAULES: DE 2 À 3 MINUTES

Figure 89
Contact à la tête

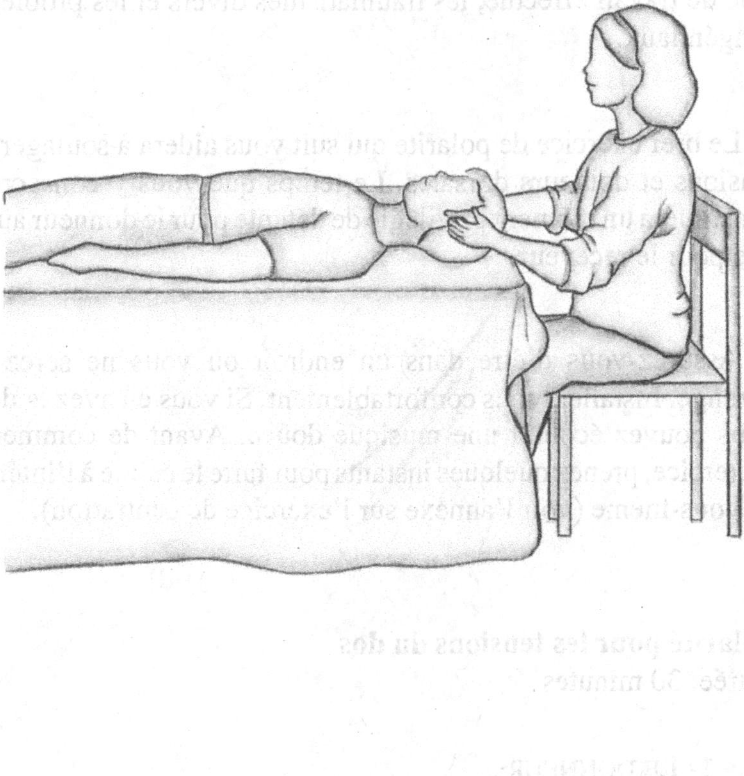

Il est important que le donneur soit dans une position confortable. On peut également se placer au sol, mais le donneur doit alors se mettre un coussin sous les fesses pour garder son dos droit. Rappelez-vous que vous ne faites rien; vous êtes simplement un lieu de passage de l'énergie.

4- LE RECEVEUR SE COUCHE SUR LE VENTRE AVEC UN COUSSIN SOUS LE VENTRE AFIN DE PROTÉGER SES VERTÈBRES LOMBAIRES.

5- LE DONNEUR SE PLACE À GAUCHE DE LA PERSONNE. DÉBUTEZ PAR LE HAUT DU DOS, AU NIVEAU DES ÉPAULES PLACEZ LES DEUX MAINS DE CHAQUE CÔTÉ DE LA COLONNE VERTÉBRALE.

GARDEZ CETTE POSITION ENVIRON CINQ MINUTES.

Figure 90
Polarisation en latérale, position des mains

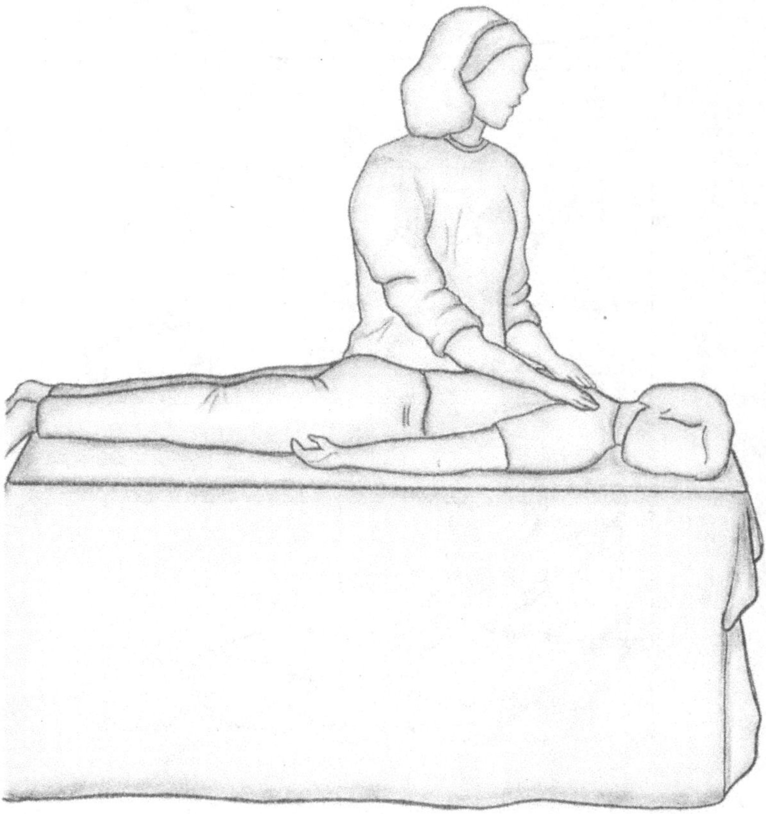

5- DESCENDEZ LE LONG DU DOS EN PLAÇANT VOS DEUX MAINS DE CHAQUE CÔTÉ DE LA COLONNE VERTÉBRALE, JUSQU'AU BAS DU SACRUM. À CHAQUE ENDROIT, GARDEZ LA POSITION CINQ MINUTES ENVIRON.

Figure 91
Mouvement de descente le long du dos

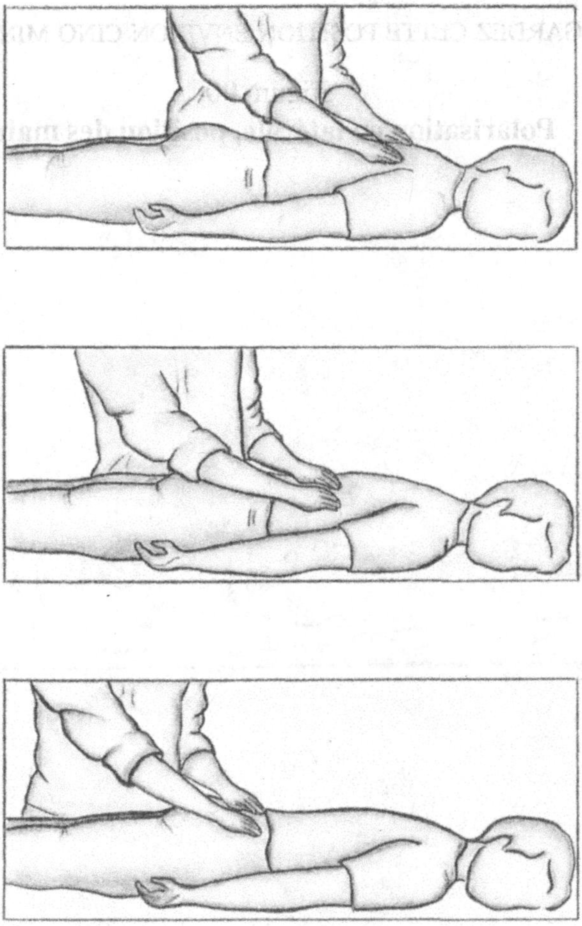

6- TERMINEZ EN PLAÇANT LA MAIN DROITE SUR LE SACRUM
ET
PLACEZ LA MAIN GAUCHE SUR L'OCCIPUT.

Figure 92
Polarisation occiput et sacrum

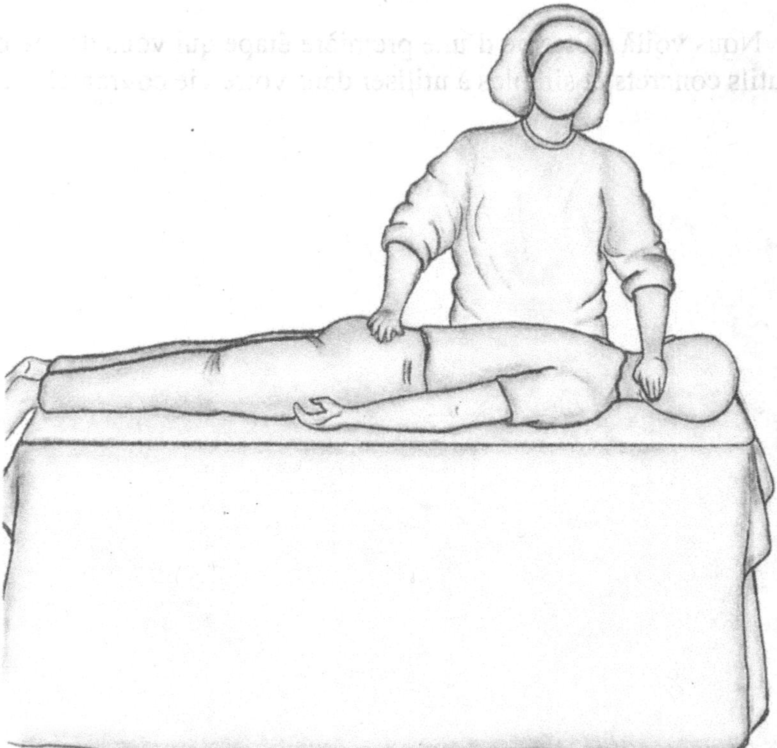

Lorsque vous avez terminé la séance, vos mains quittent délicatement la personne. Lorsque celle-ci est prête, elle se retourne sur le dos ou sur le côté. Vous lui dites de se lever lentement.

Souvent après une telle séance, le receveur a envie de dormir, il est très détendu et c'est normal. Ses tensions dorsales ont généralement disparu ou, du moins, diminué. Comme pour tout mouvement de polarité, l'action se poursuit après l'intervention.

Le donneur passera ses mains à l'eau froide et boira un grand verre d'eau après la séance de polarité.

Nous voilà au terme d'une première étape qui vous donne des outils concrets et simples à utiliser dans votre vie courante.

CONCLUSION

Le chemin que j'ai emprunté pour vous faire connaître le monde magnifique de la thérapie de la polarité est relié à ma propre démarche. Ayant découvert le monde de l'énergie par cette approche et ayant vu et expérimenté ses bienfaits, il s'avérait important pour moi de partager ces connaissances, tout en rendant hommage à son initiateur, le Dr Randolf Stone.

Dans un premier temps, j'ai voulu vous présenter globalement la thérapie de la polarité. J'ai mis ensuite l'accent sur la dimension que vous pouvez utiliser quotidiennement dans votre vie. C'est volontairement que j'ai placé différents exemples de problèmes courants: vous pouvez ainsi bien saisir l'application de l'autopolarité et l'adapter à votre situation.

J'espère avoir suscité chez vous le désir d'expérimenter dans votre corps ce que je vous ai fait connaître au moyen de ce livre. On peut tous le faire, cela ne nécessite aucun don particulier, simplement la volonté de s'aider ou d'aider quelqu'un d'autre.

Il est important de vous rappeler que nous ne sommes pas seulement une mécanique, mais un cœur où la vie vibre. Une telle orientation devrait toujours nous guider lorsque nous touchons une personne. La thérapie de la polarité est bien plus qu'une technique et c'est pour cette raison que j'ai introduit les belles paroles du Dr Stone. Il nous montre bien notre lien avec la vie et tout ce qui nous anime. Toucher l'énergie d'une personne signifie toucher également son cœur, et ceci se fait dans la plus grande délicatesse. Si vous touchez les autres avec cet esprit, vous constaterez la richesse, la chaleur et le pouvoir guérisseur de votre contact.

Je vous ai fait parcourir un bout de chemin dans l'univers de l'énergie, la face cachée de notre structure physique. Sachez qu'il ne suffit pas de lire ce livre. Expérimentez et vous pourrez découvrir de l'intérieur, par le biais de vos cellules, à quel point le monde merveilleux de l'énergie est riche et fascinant. Il donne accès à une vision élargie de l'être humain et, de ce fait, à une vision élargie du concept de la santé, de notre rôle actif dans le maintien et l'amélioration de notre santé.

Bonne pratique et heureuse découverte.

Annexe 1

LA CENTRATION

Pour faire un bon travail en polarité, il faut être centré et bien connecté. Être centré signifie que notre attention et nos énergies sont ramenées à l'intérieur de nous sans effort. Le calme et la paix s'installent alors en nous. Nous ne sommes plus préoccupés par l'extérieur, nous vivons essentiellement dans l'instant présent. Le moyen privilégié pour atteindre cet état est la respiration, surtout la respiration complète.

Être connecté signifie que nous avons de bonnes racines dans la terre et que nous sommes bien alignés avec l'énergie universelle. Cet état permet à l'intervenant d'être un instrument ou un canal clair et direct par lequel l'énergie passe.

L'homme devient une antenne entre le ciel et la terre.

Exercice de centration

- Placez-vous dans une position confortable, votre colonne vertébrale bien droite.

- Fermez les yeux et laissez votre corps respirer.

- Écoutez le rythme de votre respiration.

- Relâchez vos épaules, votre cou, votre mâchoire.

- Concentrez-vous à nouveau sur votre respiration et laissez la vie prendre place à l'intérieur de vous.

- Profitez de l'expiration pour envoyer vers la terre toutes vos préoccupations, tout ce qui vous dérange.

- Utilisez la respiration profonde et imaginez, lors de l'inspiration, que l'air que vous inspirez correspond à l'énergie de l'harmonie et que vous dirigez cette énergie à l'intérieur de vous.
- Un sentiment de calme et de paix s'installe en vous. Vous goûtez cette sensation. Si cette sensation n'est pas ressentie ou si elle l'est de façon incomplète, vous recommencez les mouvements d'inspiration et d'expiration jusqu'à ce que vous sentiez le calme à l'intérieur de vous. Il est possible qu'au même moment, vous ayez la sensation que toute votre énergie est concentrée au niveau du plexus ou du ventre. Vous pourrez alors revenir à ce que vous avez à faire.

Annexe 2

LA MÉDITATION ET LA RESPIRATION AVEC LES COULEURS

Placez-vous dans une position confortable, la colonne vertébrale bien droite et écoutez votre respiration. Laissez votre corps respirer et prenez la vie qui s'installe en vous.

Pour cet exercice, il vous faut visualiser que vos narines sont sur le dessus de votre tête.
Inspirez et expirez par le nez en visualisant la couleur ROUGE.
Cette couleur descend le long de votre colonne vertébrale jusqu'à votre sexe.
Chaque cellule de votre corps est imprégnée de cette lumière ROUGE. Vous respirez ce beau ROUGE, tout est ROUGE.
(De une à deux minutes pour chaque couleur, selon vos besoins.)

Tout doucement, le rouge commence à se transformer.
Continuez d'inspirer par le nez, mais expirez par la bouche, en visualisant cette fois la couleur ORANGE qui descend le long de votre colonne vertébrale jusqu'à votre sexe. Toutes vos cellules en sont imprégnées.
Vous goûtez cette couleur et vous poursuivez votre respiration.

Lorsque vous vous sentez prêt, la couleur ORANGE se transforme en une teinte de JAUNE éclatant.
Inspirez par la bouche et expirez par le nez.
Goûtez cette couleur à l'intérieur de vous.

La transformation des couleurs se poursuit.
Le JAUNE se transforme lentement en une couleur VERTE, en même temps que vous inspirez et expirez par la bouche.
Cette lumière VERTE descend le long de votre colonne vertébrale jusqu'à votre sexe et imprègne tout votre corps.
Prenez le temps de goûter cette sensation.

Poursuivez en inspirant et en expirant par le nez et la bouche en même temps.
Placez votre langue sur la partie supérieure de vos dents.
Le VERT se transforme alors en une majestueuse lumière BLEUE qui se dirige vers toutes les parties de votre corps en passant par votre colonne vertébrale.
Baignez dans cette lumière pendant quelques minutes avant de passer à l'étape suivante.

À votre rythme, revenez à l'inspiration et à l'expiration par le nez.
Le BLEU se transforme en une teinte de POURPRE.
Goûtez cette énergie POURPRE qui circule dans votre corps et autour de vous.

Quand vous vous sentez prêt, le POURPRE se transforme en une douce lumière VIOLETTE.
Elle coule à l'intérieur de vous en passant par votre colonne vertébrale jusqu'à votre sexe.
Vous goûtez la pénétration de cette couleur à l'intérieur de vous.
Pousuivez les mouvements d'inspiration et d'expiration en vous laissant envelopper et imprégner par cette lumière VIOLETTE.

À votre rythme, revenez doucement à votre respiration habituelle.
Reprenez conscience de l'endroit où vous vous trouvez et, tout doucement, ouvrez les yeux.

Cette méditation est en relation vibratoire avec les sept principaux chakras et avec les cinq éléments qu'elle harmonise.

Tableau 12
RESPIRATIONS, COULEURS, CHAKRAS ET ÉLÉMENTS

RESPIRATION		COULEURS	CHAKRAS PLEXUS	ÉLÉMENTS
INSPIRE	EXPIRE			
1- NEZ	NEZ	ROUGE	COCCYGIEN	TERRE
2- NEZ	BOUCHE	ORANGE	SACRÉ	EAU
3- BOUCHE	NEZ	JAUNE	SOLAIRE	FEU
4- BOUCHE	BOUCHE	VERT	CARDIAQUE	AIR
5- NEZ–BOUCHE NEZ–BOUCHE		BLEU	THYROÏDIEN	ÉTHER
6- NEZ	NEZ	POURPRE	TROISIÈME ŒIL	
7- NEZ	NEZ	VIOLET	COURONNE	

BIBLIOGRAPHIE

BAILEY, Alice A., *Guérison ésotérique,* éd. Lucia, 1976.

BHATTACHARYYA, Benoytosh, *La science du Tridosha, Ayurveda et homéopathie,* éd. Ediru, 1984.

BRENNAN, Barbara Ann, *Hands of Light,* éd. Bantam Books, 1987.

COUDRON, Oliver, *Psychologie énergétique et yoga, les gunas de l'esprit,* éd. Coudron.

EDGE, Gérard, *La médecine ayurvédique,* éd. Dangles, 1985.

EDGE, Gérard, *Traité d'ayurvéda, médecine naturelle de l'Inde,* éd. Guy Trédaniel, 1987.

GORDON, Richard, *La polarité,* éd. Soleil, 1982.

LAD, VASANT, AYURVEDA, *The Science of Self-Healing,* éd. Lotus Press, 1943.

LYSEBETH, André Van, *Pranayama, la dynamique du souffle,* éd. Flammarion, 1971.

MONGEAU, Serge, *Dictionnaire pratique des médecines douces,* éd. Québec Amérique, 1981.

PATTEN, Leslie et Terry, *Biocircuits,* éd. H.J. Kramer Inc., 1988.

PEARSON, Durk et Sandy SHAW, *Vivre mieux et plus longtemps,* éd. La Presse, 1984.

SEIDMAN, Maruti, *A Guide to Polarity Therapy,* éd. Newcastle Publishing, 1986.

SIEGEL, Alan L., *Life Energy: the Power that Heals,* San Francisco, 1983.

STONE, Randolf, *A Brief Explanation of the Emerald of Hermes,* Private Notes, 1970.

STONE, Randolf, *Energy, the Vital Polarity in the Healing Art,* 1948.

STONE, Randolf, *Easy Stretching Postures,* 1954.

STONE, Randolf, *Energy Tracing Notes and Findings,* 1970.

STONE, Randolf, *Polarity Therapy and its Triurne Function,* 1954.

STONE, Randolf, *The Mysterious Sacrum, the Key to Body Structure and Function,* 1954.

STONE, Randolf, *The New Energy Concept, Appendix Book 1,* 1956.

STONE, Randolf, *The Wireless Anatomy of Man and its Function,* 1953.

STONE, Randolf, *The Wireless Anatomy of Man and its Function: Supplement,* 1954.

STONE, Randolf, *Vitality Balance,* 1957.

STONE, Randolf, *Polarity Therapy Principles and Practice,* 1954.

TESCHLER, Wilfrid, *Polarity Healing Handbook*, éd. Gateway Books, Bath, 1986.

VÉZINA, Michel, *Le casse-tête des migraines*, CLSC Laurentien, Québec, 1983.

Traduction française des livres du Dr Randolf Stone par Roger Bouchard:

L'énergie, vol. 1, 1985.

L'appendice de l'énergie, vol. 1, 1988.

Les postures faciles d'étirement, 1984.

Le mystérieux sacrum, vol.4, 1984.

L'anatomie sans fil de l'homme et sa fonction, vol. 2, 1984.

INDEX

A

B

C

D

E

I

J

L

M

N

O

P

V

Y

Pour joindre l'auteur concernant une consultation, les formations de polarité et les ateliers sur la sexualité, vous pouvez écrire à:

L'Institut International
de Polarité/Centre Québécois
de Formation en Santé Intégrale

1400, du Buisson
Québec (Québec)
G1T 2C3
Canada

Tél.: 418 681-7457

Courriel: **michguay@videotron.ca**
Site web: **https://polarite-michelleguay.com**